미술세계 창간 33주년 기획 특별초대전

제12회 한국사경연구회원전

33天을 法燈으로 밝힌
33수행자의 法舍利 莊嚴

寫經

2017.9.13 - 9.18

초대일시 9. 13(수) 오후 4시

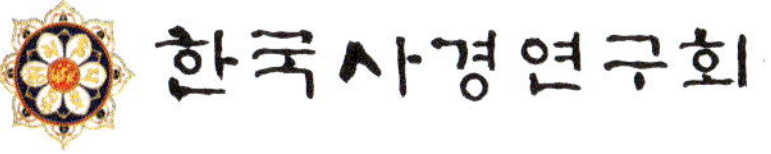

GALLERY MISUL SEGYE 갤러리 미술세계 제1,2전시장

03163 | 서울시 종로구 인사동길 24 T. 02-2278-8388

인사말

사경은 마음에 경구를 새겨 삼독심을 씻는 인욕, 정진수행일 뿐 아니라 불전에 올리는 최상의 법신사리입니다. 그러한 까닭에 금강경에서 "한량없는 백천만억겁 동안 보시할지라도 어떤 사람 하나가 이 경전을 보고 믿고 마음으로 거스리지 않으면 그 복덕이 앞서 말한 복덕보다 나을 것이다. 하물며 이 경을 사경하고 수지 독송하고 다른 사람을 위해 설하는 사람에게 있어서이랴"고 하는 등 많은 경전에서 누누이 강조하고 있습니다.

이번 12회 전시회는 미술세계가 창간 33주년을 맞이하여, 미술계 최초로 한국사경연구회 명예회장 외길 김경호 선생님의 사경세계와 사경이 우리역사에서 어떻게 발전하고 영향을 미쳤으며 앞으로 나아가야 할 방향을 조명하며, 33천을 상징하는 33명 사경 수행자가 참여하는 특별 초대전을 마련하게 되었습니다.

33천은 단순히 인도 불교세계관으로만 그치지 않고 있습니다. 우리 삶속에 깊숙이 스며들어 있는데, 조선시대에 과거시험에서 문과 시험 합격자의 정원을 33명으로, 3·1운동 때 민족대표 수가 33명이었고, 재야의 종을 칠 때 국민들이 한 해의 건강과 편안하기를 기원하며 33번 타종을 친 것처럼 33명의 작가가 각자 3점씩의 작품으로 중요성을 부각시키는 전시입니다.

한국사경연구회는 매년 거르지 않고 회원전을 개최하고 있을 뿐만 아니라 해외에도 초대되어 한국사경의 우수성을 널리 알려왔습니다.

회원여러분! 개개인은 사경을 홍보하는 법제자로서의 자부심과 긍지를 가지고 사경 수행하시길 바랍니다. 그 공덕으로 회원님들 가정의 안녕 뿐 아니라 그 공덕의 법등이 수많은 등불로 확산되어 33천에서 삼천대천 세계로 법향이 퍼져나가길 발원합니다.

아울러 항상 한국사경연구회의 나아갈 바를 이끌어 주시고 세계 속에 한국사경의 우수성을 꽃 피우시는 외길 김경호 선생님과 33명의 작가가 참여하는 초대전을 기획하고 조명하여 주신 미술세계 사장님과 임직원들께 깊이 감사드립니다.

2017. 09

한국사경연구회장 행오합장

《제12회 한국사경연구회원전》을 축하하며

세계 3대 종교라 불리는 불교, 기독교, 이슬람교는 차이점만큼이나 많은 공통점을 가지고 있습니다. 그 중 하나는 진리의 말씀이 담긴 경전을 귀중하게 다루며, 그 내용을 옮겨 적는 것이 개인과 공동체 모두에게 공덕을 쌓는 일이라고 생각한 것입니다. 경전의 글귀를 한 자 한 자 정성스레 옮겨 쓰는 이를 보면 경건한 마음이 듭니다.

오랜 세월 불교 문화권에 속해 있던 한국은 삼국시대부터 불교 경전을 옮겨 적는 사경 문화가 발전했습니다. 동아시아를 대표하는 불교국가로 자리 잡은 통일신라와 고려시대에는 사경 문화가 세계 최초의 목판 인쇄와 금속활자 인쇄로 이어졌습니다. 자랑스러운 우리 문화의 한 축을 불교 사경이 담당하고 있는 것이죠. 특히 귀족문화를 꽃피운 고려시대에는 사경이 금니와 은니를 사용한 세계 최고 수준의 시각예술 작품으로 제작되었습니다. 세계제국을 건설한 원나라도 고려 사경을 탐냈다고 하니 당시의 위상을 알 수 있습니다. 오늘날까지 전해지는 대부분의 고려사경은 국보와 보물로 지정되며 그 가치를 인정받고 있습니다. 그러나 억불숭유 정책을 펼친 조선시대를 거치며 고려사경의 전통과 제작방법은 그 맥이 끊기고 맙니다.

2002년, '제1회 불교 사경대회' 대상 수상자인 외길 김경호 작가와 월운 스님과 도영 스님, 당시 동국대 박물관장이셨던 고(故) 장충식 교수, 고(故) 김상현 동국대 명예교수, 박상국 한국문화유산연구원장 등이 주축이 되어 결성한 '한국사경연구회'는 고려사경 유물의 제작방법을 체계적으로 조사하고 현대화하여 한국 사경의 맥을 이어가고 있습니다. 한국사경연구회의 활동은 국내는 물론 해외에서도 인정받아 뉴욕과 LA에서 초대전을 성공적으로 개최하기도 했습니다.

2015년에 이어 갤러리 미술세계에서 두 번째로 개최되는 《한국사경연구회원전》은 미술세계 창간 33주년을 기념하여 '33천을 법등으로 밝힌 33수행자의 법사리 장엄'을 주제로 펼쳐집니다. 불교 세계를 구성하는 33천을 33인의 참여작가가 각각 맡아 1인 3점씩의 작품을 출품하여 총 99점을 선보입니다. 이에 『미술세계』는 2017년 9월호 특집으로 '사경의 세계'를 기획하여 독자 분들에게 사경의 세계를 알리기도 했습니다. 고도의 집중을 요하는 사경을 가리켜 '삼매 속에 영근 법사리'라 부르기도 합니다. 부디 갤러리 미술세계에서 열리는 《한국사경연구회원전》에 발걸음 하시어 영롱한 법사리를 감상하시고 부처님의 자비와 참여 작가들의 예술혼을 느끼시기 바랍니다.

2017. 9

미술세계 발행인 | 대표이사 백 용 현

33 경필사(經筆師)의 33천(天) 법사리 장엄의 의의

외길 김경호

전통사경기능전승자, 한국사경연구회명예회장

I

세존이시여, 보살이 크나큰 장엄을 일으켜
크나큰 진리의 수레(大乘)를 굴리기 때문에 마하살이라고 합니다.

『마하반야바라밀경』「초품」

以陀羅尼無盡寶 莊嚴法界實寶殿 窮坐實際中道床 舊來不動名爲佛
연기실상 다라니의 다함없는 보배로써 참된성품
여실하게 장엄하고 양극단을 버리고서 조화롭게 앉은자리,
예로부터 변함없는 그이름곧 부처로다

〈의상조사 법성게〉

불교 수행법에는 명상, 참선, 염불, 간경, 기도, 절, 사경, 사불 등이 있습니다. 이 중 명상, 참선, 염불, 간경, 기도, 절은 내면에서만 이루어지는 수행법이고, 사경과 사불은 외적인 결과물로 예술작품을 남기는 수행법입니다.

모든 중생의 내면에는 본래부터 보배 궁전이 자리하고 있습니다. 다른 말로 표현하면 불성(佛性)입니다. 이 불성에는 청정과 고요, 지혜와 자비라는 덕성이 고루 갖추어져 있습니다. 그러한 까닭에 '보배 궁전'이라 하는 것입니다. 이를 굳게 믿는 것이 신심입니다. 그리고 불성에 본래부터 진리가 갖추어져 있음을 직시하는 것이 깨달음입니다. 나아가 불성이 지닌 모든 덕성을 진리의 광명으로 환하게 비추어 보는 것이 장엄이고, 이를 지혜로 발현시키는 것이 법력이며 일상에서 실천하는 것이 보살행입니다. 그렇기 때문에 진리에 입각하여 불성을 여법하고 조화롭게 장엄한 그 자리가 바로 부처가 되는 것입니다.

모든 수행은 인간의 정신과 육신의 진일보를 추구합니다. 그리고 예술은 일반예술과 성스러운 예술로 나뉘는데, 사경과 같이 정신을 고양시키는 예술을 '성스러운 예술'이라고 합니다. 이렇게 성스러운 예술을 창작하는 모든 과정이 수행이고, 이들 성스러운 예술 중 8만 4천 가지로 일컬어지는 수많은 번뇌를 잠재워 고요한 마음, 아름다운 마음, 행복한 마음으로 전환시키는 예술을 '장엄예술'이라고 합니다. 이렇게 장엄예술은 진리를 바탕으로 하기 때문에 모든 중생계를 이익되게 합니다.

II

그러므로 보살이 만약 일체지혜를 얻고자 한다면
마땅히 반야바라밀을 믿고 독송하며 바르게 생각하고 설한대로 수행하여 널리 남을 위해 설해야 한다.
또한 마땅히 여법하게 경권을 사경하고
꽃, 향, 말향, 도향, 깃발과 음악으로 공양하고 공경하며 존중, 찬탄해야 한다.
이것이 나의 가르침이다.

『마하반야바라밀경』「촉루품」

사경은 진리가 문자로 현현하는 '문자반야'입니다. 즉 문자를 이루는 하나하나의 점과 선과 면에 진리와 지혜를 담는 것입니다. 수많은 점들이 모여 선이 되고 수많은 선이 모이면 면이 되며 3개 이상의 면이 모이면 공간이 생깁니다. 이렇게 우주를 구성하는 요소이자 법사리의 구성 요소인 점과 선과 면과 공간을 가장 조화롭게 승화시키는 데에는 '법(최상의 규칙)'이 필요합니다. 이를 '여법함'이라 이릅니다. 점 하나하나가 가장 있어야 할 자리에 있고, 선 하나하나가 꼭 필요한 곳에 넘치거나 모자람이 없이 필요한 만큼만 있으며 그러한 수많은 선들이 모여 하나하나의 면을 형성함에 진리와 계합되어야 하는 것입니다. 이를 '외적인 장엄'이라고 합니다. 더 나아가 이들 면들이 모여 만들어내는 공간, 곧 하나하나의 우주가 그 세계에 속한 모든 중생들을 이익되게 할 때 '최상의 장엄'이라 할 수 있습니다. 이렇게 사경 제작의 근본 자리에 본래부터 구비되어 있는 진리의 광명으로 자비심과 지혜를 제고시켜 탐·진·치를 사랑과 헌신으로 승화시킬 때 불보살의 무한한 덕성과 하나가 되는 '내적인 장엄'이 완성됩니다.

부처님을 비롯한 성인들이 설한 진리의 몸은 장행과 게송, 진언, 다라니, 주문 등입니다. 사경은 이들 진리의 몸체를 서사하여 경권으로 만들고, 여기에 더하여 각각의 점과 선과 면을 이용하여 불성을 불보살의 형상으로 구상화 하며 각각의 성품에 내재된 고요하고 심오한 정신세계를 부호와 상징으로 표현합니다. 이를 위해서는 선행적으로 논리적 사고와 높은 지성, 맑고 밝은 행, 예술적 감성의 계발이 필수적입니다.

이렇게 내적, 외적으로 모든 장엄 요소들을 오롯이 담아내는 최상승의 예술작품이 바로 법사리, 사경입니다.

III

이번 전시의 제재(題材)인 33천(天)은 33세계를 의미합니다. 여기서 33은 결코 숫자의 개념에만 국한되지 않습니다. 삼천대천세계라는 무량무수의 다양성을 상징하는 것입니다. 이렇게 다양한 각각의 세계는 중생들 각각의 불성을 상징합니다. 그러한 헤아릴 수 없이 많은 갈래의 성품들을 각각의 특성에 맞게 최상의 방법으로 여법하게 발현시키고 장엄하는 일은 가장 수승한 수행입니다. 이러한 수행은 자신을 변화시키고 세상을 변화시키며, 그 결과물인 사경작품은 결국 33천, 곧 온 우주를 진리의 법등으로 밝히게 되는 것입니다. 법사리 장엄의 진정한 의미입니다.

이번에 33인의 경필사가 저마다의 모양과 색깔과 향기를 지닌 보배 궁전을 여법한 법사리로 장엄하고 지혜와 자비의 광명으로 33계(界)를 밝힌 공덕을 어찌 말로 다 표현할 수 있겠습니까? 법사리의 여법한 장엄에 이은 법석의 여법한 회향을 일심으로 축원할 따름입니다.

2017. 09

한국전통사경연구원 사경실에서

외길 김경호

〈화엄경 보현행원품〉 변상도 재창작 감지 금니 18.3x36cm

욕계

欲界

지옥 地獄	행오스님
아귀 餓鬼	준안스님
축생 畜生	용운스님
인 人	김영애
아수라 阿修羅	허유지
사천왕천 四天王天	모정자
도리천 忉利天(삼십삼천)	강경애
야마천 夜摩天	이경자
도솔천 兜率天	김근홍
화락천 化樂天	이순래
타화자재천 他化自在天	김명림

신심을 가지고
사경 수행합니다
방하착(하심)으로
사경 수행합니다
포교 방편으로
사경 수행합니다
행불할 수 있음에
사경 수행합니다
회향심으로
사경 수행합니다
생명이 존재하는 한
사경 수행합니다
부처님 감사합니다

행오스님

서울특별시 성북구 아리랑로 12길 23-5,
길상암(돈암동)

010-3868-4336

사경 개인전 2회 (서울, 예술의전당, 미술세계)
NY 플러싱 타운홀 초대 회원전 출품
서예문화대전, 서예문인화대전 사경부문 심사
2011, 2013 세계서예전북비엔날레 사경전 초대
불교TV문화센터 사경강사 역임
현) 한국사경연구회장
길상암 사경법회 지도

관세음보살 42수진언 만다라 옻칠한지, 백금·금니 63x63cm

이산 혜연선사 발원문 백지 묵서 27x85cm

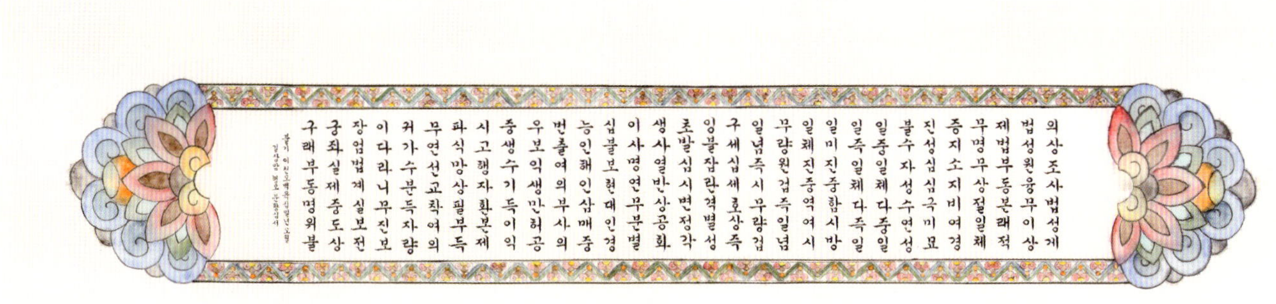

의상조사 법성게 백지 묵서, 채색 27x103cm

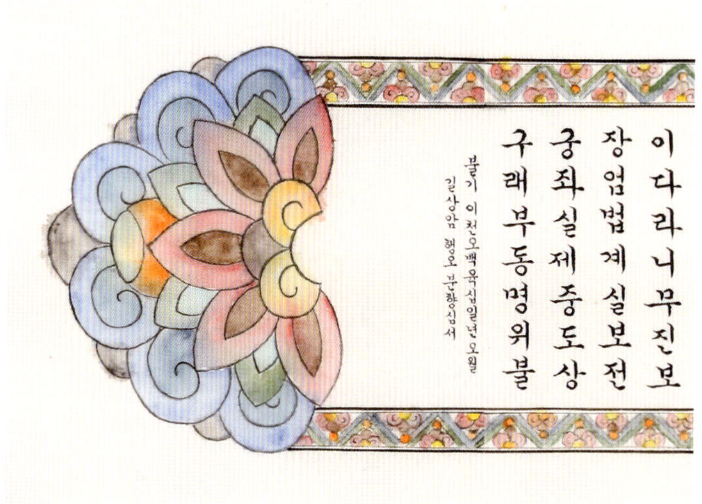

인생칠십고래희(人生七十古來稀)	인생 칠십 사는 사람 드물다고 하지만
전제연유후제로(前除年幼後除老)	앞의 유년과 뒤의 노년을 빼면
중간광경부다시(中間光景不多時)	중간시간은 얼마되지 않네
우유염상여번뇌(又有炎霜與煩惱)	그것마저 염량과 번뇌로 점철되어 있네.
과료중추월불명(過了中秋月不明)	한가위 넘긴 달은 밝지 않고
과료청명화불호(過了淸明花不好)	청명 지난 꽃은 아름답지 않구나
화전월하차고가(花前月下且高歌)	달밤에 꽃밭을 보며 크게 노래하고
	– 중략–

명나라 말기 문인이자 화가였던 당백호(唐伯虎), 당인(唐寅)의 작품입니다.
이젠 세상사가 조금은 보일듯하고 자연의 섭리와 인간의 순리도 다 지난
일들이지만 부귀영화권세도 짐이 되고 그것이
행복과 건강에 우선순위가 아님을 알 수 있습니다.
본업 외에 취미 특기를 갖고 있다는 것은 인생 2막의
후반기에 중요한 지 이제야 알겠고
살아가면서 좋은 친구 마음이 통하는 도반을 만나는 것은
부귀권세보다 큰 자산이 아닌가 싶습니다.
좋은 만남으로 하여 건강한 인생 후반기 100세 시대를
맞을 수 있는 길이 우리가 하는 사경이 아닌가 싶고
이 문방사우를 가까운 벗으로 삼아 먹을 갈고
정신적 수행으로 삼아 붓을 들고 한 시대를
선도하는 품격 높은 정신사상이 아닌가 싶습니다.
지식정보화시대 사경을 통하여 가장 한국적인 것이 곧 세계적인 것임을…….
자신을 돌아보고 후세에 귀감이 되는 작품들을 남기고자 합니다.
우리 사경수행자는 봄바람이 포근하게 만물을 길러주는
너그럽고 후한 사람들이고자 합니다.
배움의 길에는 끝이 없다고 하지요.
백세시대를 살아가는 21세기
노력하는 사람만이 자신을 함양, 발전시키고
영원히 건강한 여생을 살아가는 길이 아닌가 생각합니다.
건강하세요.

준안스님

제주특별자치도 서귀포시 대청로 25번길 9, 103동
103호(강정동, 서귀포강정엘에이치아파트)

010-3621-5539

광주미술대전 입선
전남미술대전 입선
원담미술대전 특선
5 · 18미술대전 입선
현) 한국사경연구회 정회원

관세음보살 목판 100x40cm

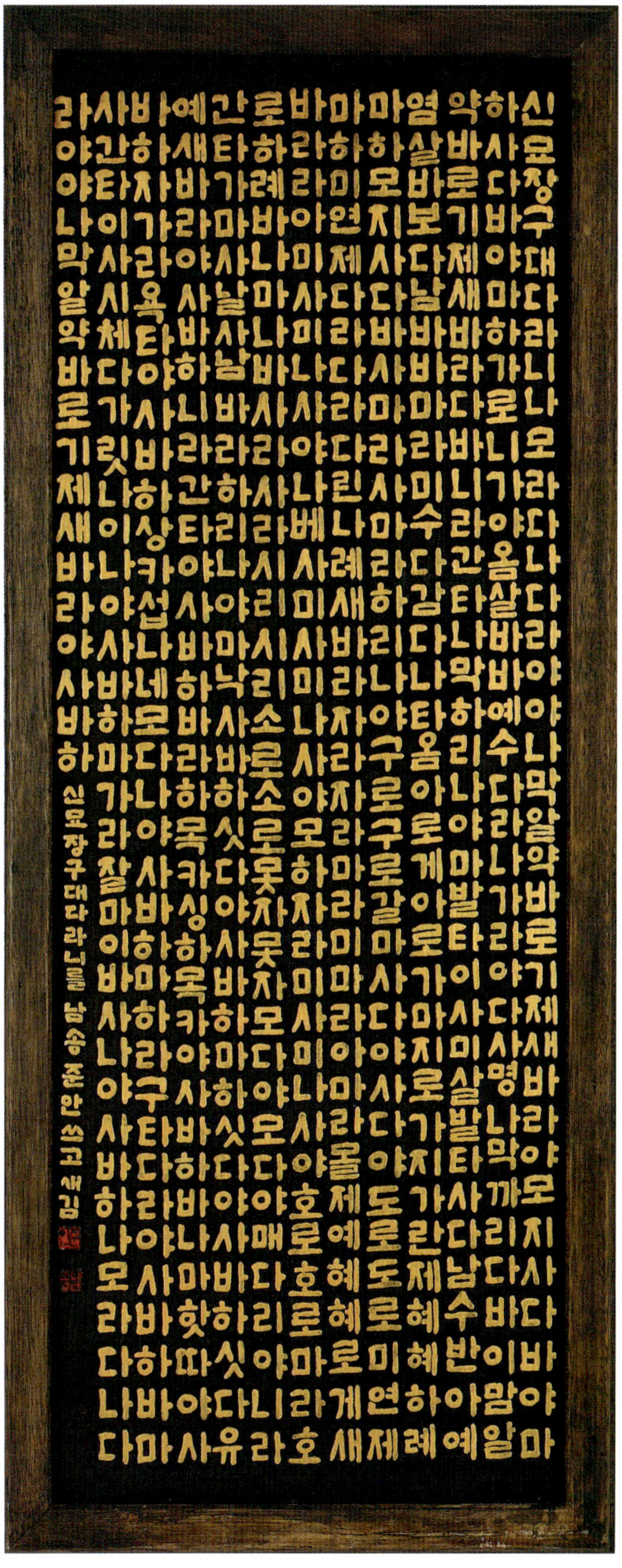

신묘장구대다라니 목판 100x40cm

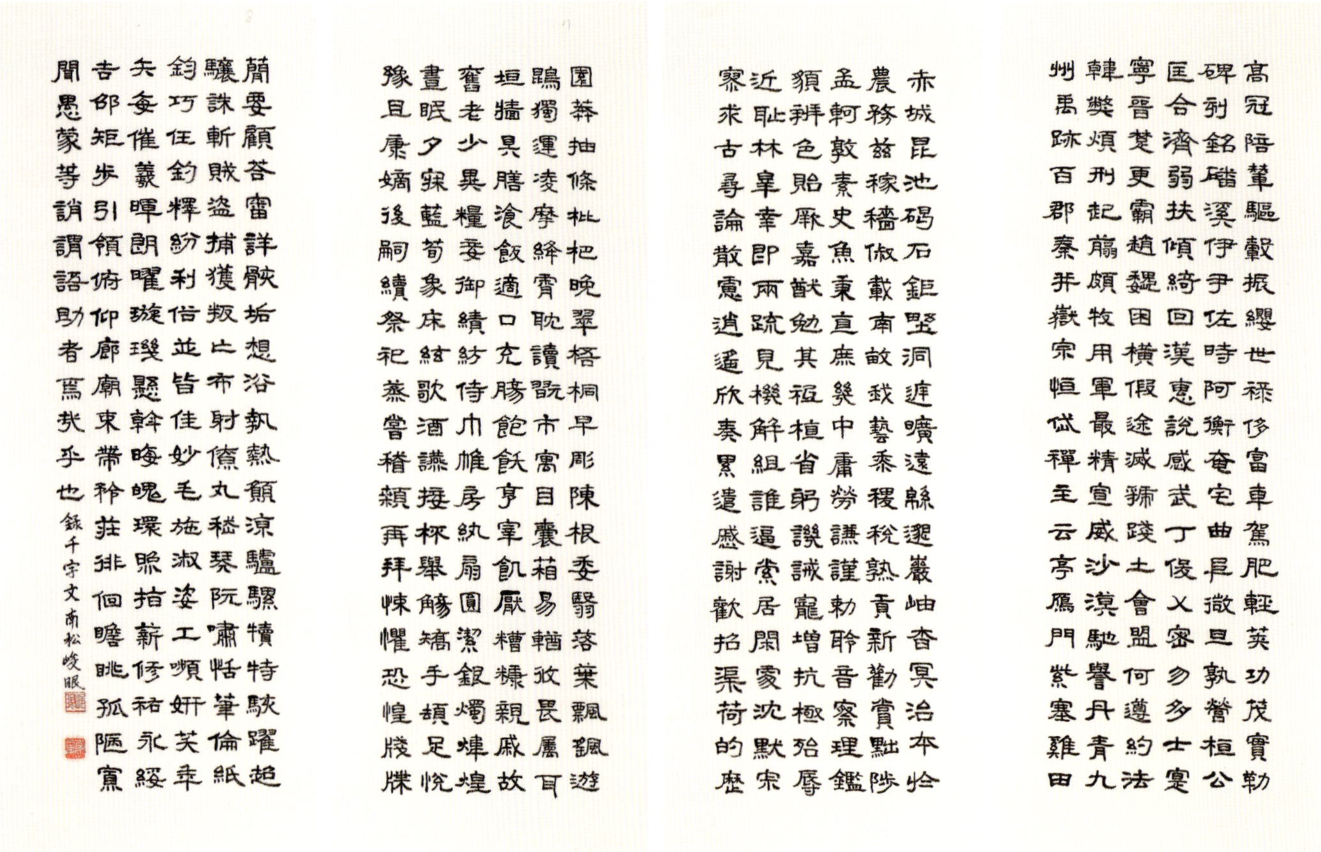

高冠陪輦驅轂振纓世祿侈富車駕肥輕策功茂實勒
碑刻銘磻溪伊尹佐時阿衡奄宅曲阜微旦孰營桓公
匡合濟弱扶傾綺回漢惠說感武丁俊乂密勿多士寔
寧晉楚更霸趙魏困橫假途滅虢踐土會盟何遵約法
韓弊煩刑起翦頗牧用軍最精宣威沙漠馳譽丹青九
州禹跡百郡秦并嶽宗恒岱禪主云亭雁門紫塞雞田

赤城昆池碣石鉅野洞庭曠遠綿邈巖岫杳冥治本於
農務茲稼穡俶載南畝我藝黍稷稅熟貢新勸賞黜陟
孟軻敦素史魚秉直庶幾中庸勞謙謹敕聆音察理鑑
貌辨色貽厥嘉猷勉其祗植省躬譏誡寵增抗極殆辱
近恥林皋幸即兩疏見機解組誰逼索居閑處沈默寂
寥求古尋論散慮逍遙欣奏累遣慼謝歡招渠荷的歷

園莽抽條枇杷晚翠梧桐早凋陳根委翳落葉飄颻遊
鵾獨運凌摩絳霄耽讀翫市寓目囊箱易輶攸畏屬耳
垣牆具膳餐飯適口充腸飽飫烹宰飢厭糟糠親戚故
舊老少異糧妾御績紡侍巾帷房紈扇圓潔銀燭煒煌
晝眠夕寐藍筍象床弦歌酒讌接杯舉觴矯手頓足悅
豫且康嫡後嗣續祭祀蒸嘗稽顙再拜悚懼恐惶牋牒

簡要顧答審詳骸垢想浴執熱願涼驢騾犢特駭躍超
驤誅斬賊盜捕獲叛亡布射僚丸嵇琴阮嘯恬筆倫紙
鈞巧任釣釋紛利俗並皆佳妙毛施淑姿工顰妍笑年
矢每催羲暉朗曜璇璣懸斡晦魄環照指薪修祜永綏
吉劭矩步引領俯仰廊廟束帶矜莊徘徊瞻眺孤陋寡
聞愚蒙等誚謂語助者焉哉乎也

錄千字文 南松 峻眠

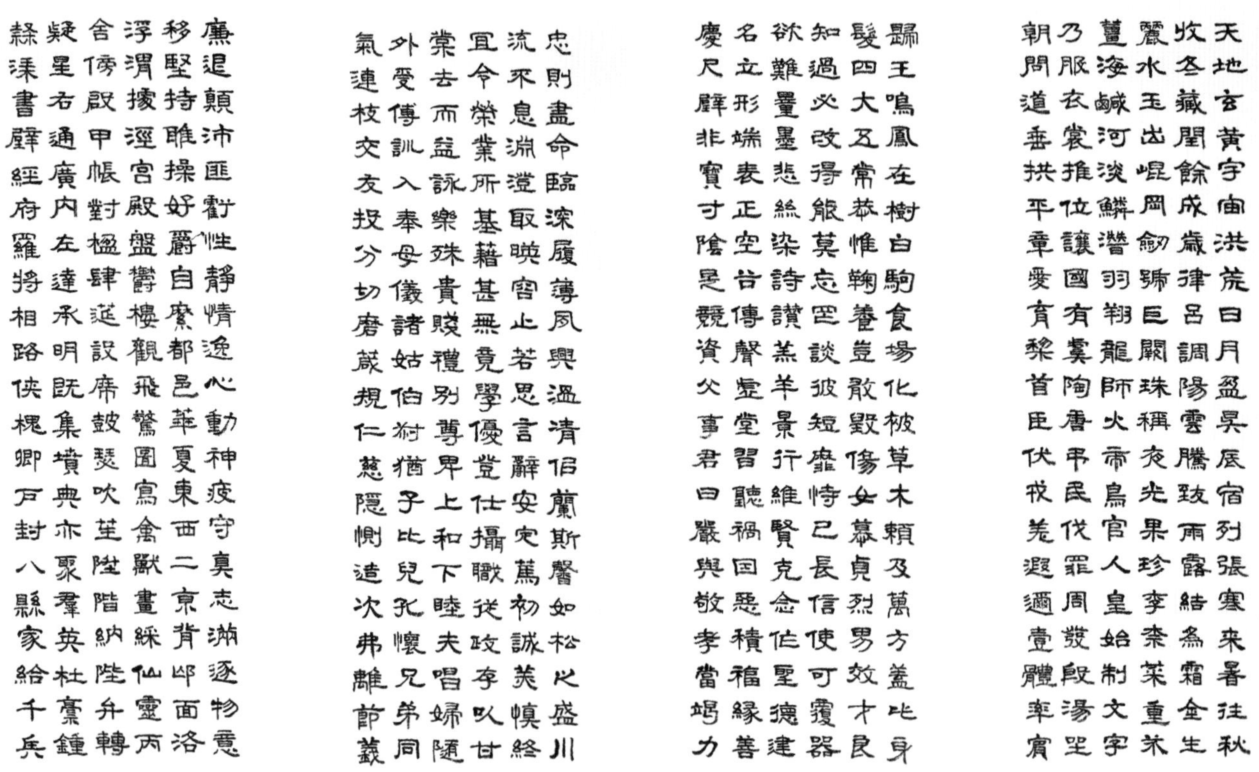

天地玄黃宇宙洪荒日月盈昃辰宿列張寒來暑往秋
收冬藏閏餘成歲律呂調陽雲騰致雨露結爲霜金生
麗水玉出崑岡劍號巨闕珠稱夜光果珍李柰菜重芥
薑海鹹河淡鱗潛羽翔龍師火帝鳥官人皇始制文字
乃服衣裳推位讓國有虞陶唐弔民伐罪周發殷湯坐
朝問道垂拱平章愛育黎首臣伏戎羌遐邇壹體率賓

歸王鳴鳳在樹白駒食場化被草木賴及萬方蓋此身
髮四大五常恭惟鞠養豈敢毁傷女慕貞烈男效才良
知過必改得能莫忘罔談彼短靡恃己長信使可覆器
欲難量墨悲絲染詩讚羔羊景行維賢克念作聖德建
名立形端表正空谷傳聲虛堂習聽禍因惡積福緣善
慶尺璧非寶寸陰是競資父事君曰嚴與敬孝當竭力

忠則盡命臨深履薄夙興溫凊似蘭斯馨如松之盛川
流不息淵澄取映容止若思言辭安定篤初誠美愼終
宜令榮業所基籍甚無竟學優登仕攝職從政存以甘
棠去而益詠樂殊貴賤禮別尊卑上和下睦夫唱婦隨
外受傳訓入奉母儀諸姑伯叔猶子比兒孔懷兄弟同
氣連枝交友投分切磨箴規仁慈隱惻造次弗離節義

廉退顚沛匪虧性靜情逸心動神疲守眞志滿逐物意
移堅持雅操好爵自縻都邑華夏東西二京背邙面洛
浮渭據涇宮殿盤鬱樓觀飛驚圖寫禽獸畫綵仙靈丙
舍傍啓甲帳對楹肆筵設席鼓瑟吹笙陞階納陛弁轉
疑星右通廣內左達承明既集墳典亦聚群英杜稿鍾
隸漆書壁經府羅將相路俠槐卿戶封八縣家給千兵

천자문 백지 묵서(8폭 병풍) 90x35cm(8ea)

발원

엎드려 절하옵고, 부처님의 금구성언을
한 자 한 자 사경하며 발원합니다.

부처님의 정법이 영원토록 이어져 끊어지지 않게 하옵시고
자그마한 사경공덕이라도 모두 법계에 회향하오니
일체중생이 모두 다 부처님의 지혜와 자비 안에서
밝고 건강한 삶을 이루어 다함께 성불하기를 발원합니다.

일체중생이 모두 행복해지는 그날까지 나무 불
일체중생이 모두 행복해지는 그날까지 나무 법
일체중생이 모두 행복해지는 그날까지 나무 승

용운스님

충북 증평군 송산로 4길 14, 302동 805호

010-9301-8761

대한민국 서예대전 입선 수회
전남미술대전 특·입선 수회
순천미술대전 우수상 외 특·입선 수회
추사서예대상전 삼체장
현) 한국사경연구회 정회원

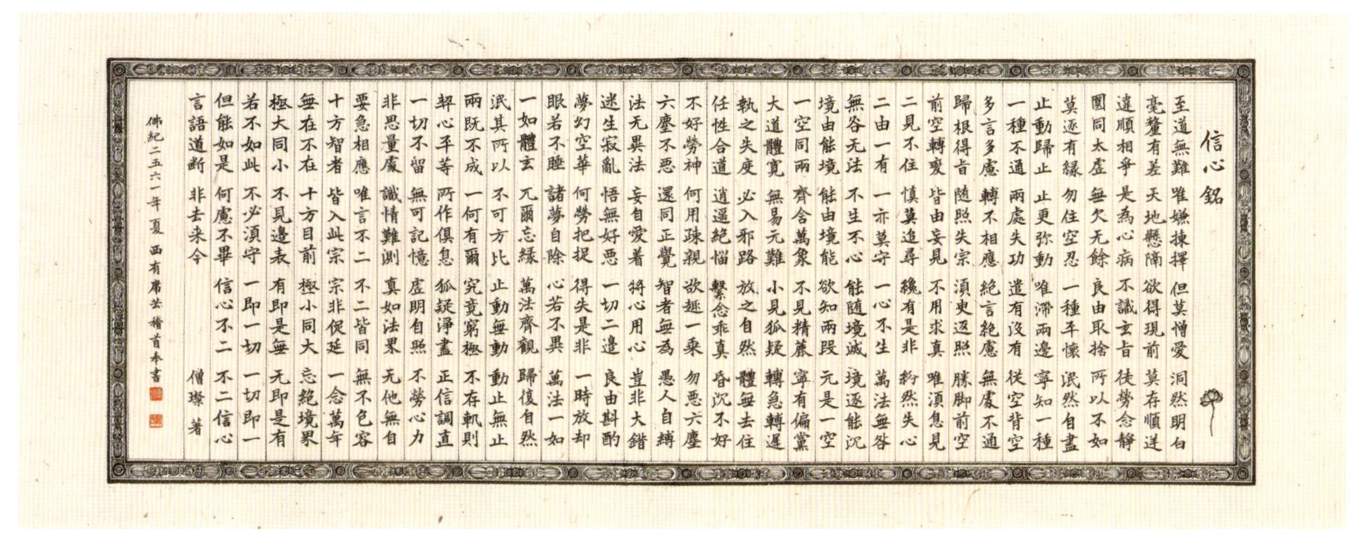

신심명 한지 묵서 36x91cm

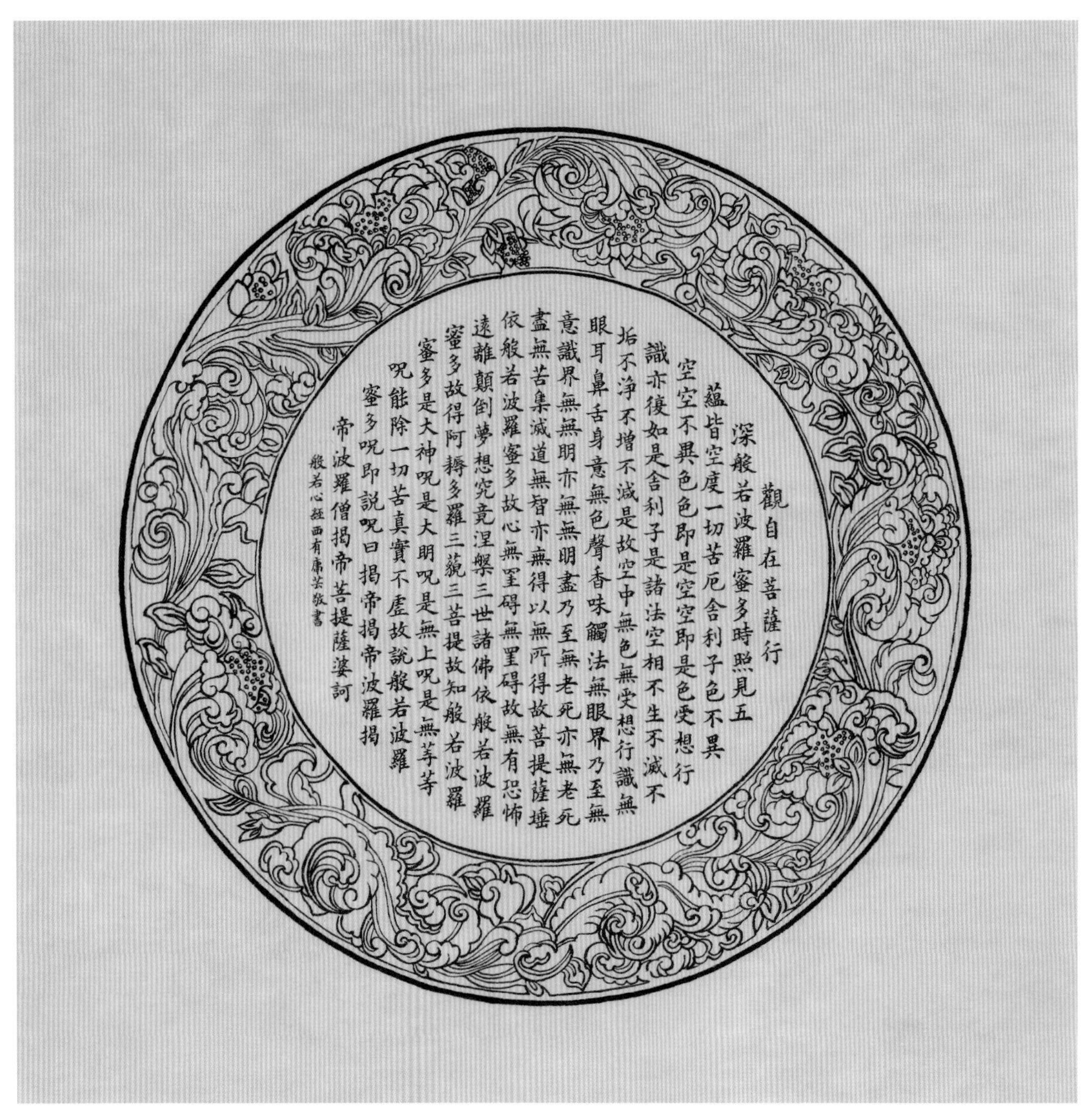

반야바라밀다심경 한지 묵서 50x50cm

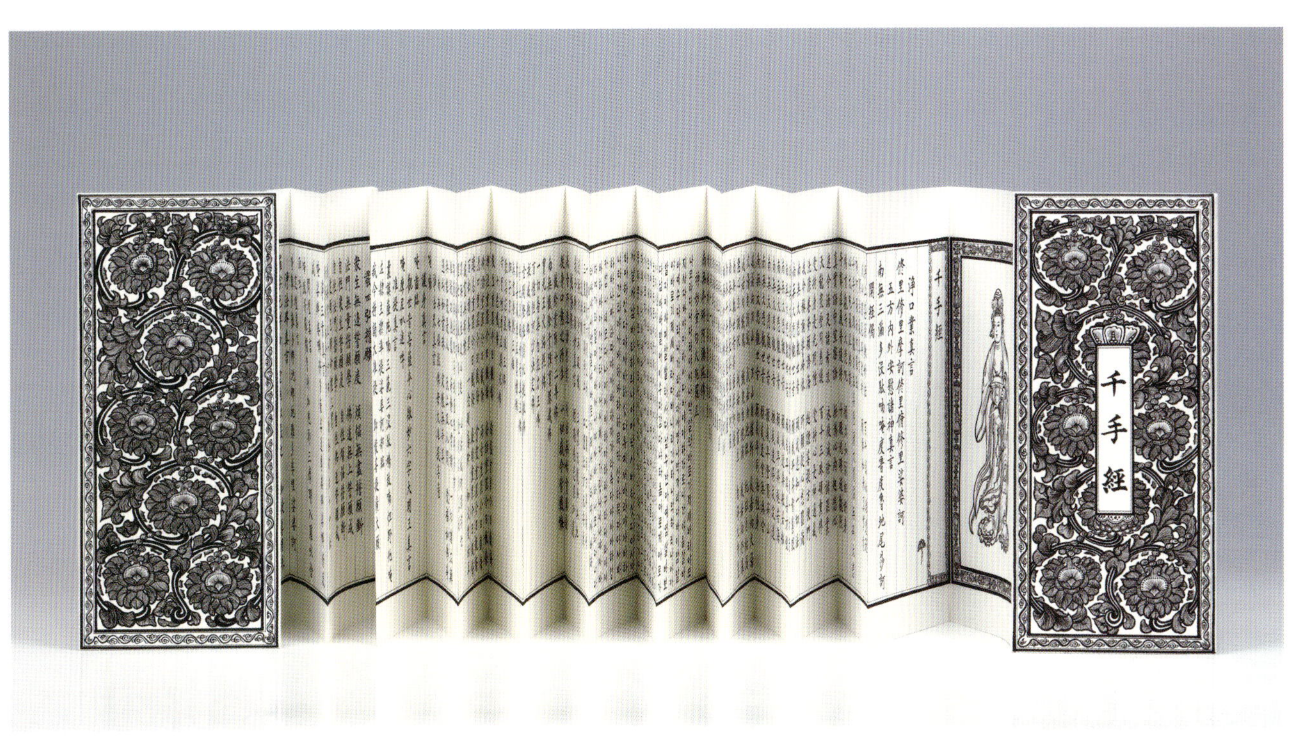

천수경 백지 묵서 (절첩본) 35x330cm

저녁이 되면 가을 바람이 옷깃을 스친다. 또 한해를 보내야 되나 보다.
늑장부리기 좋아하는 내겐 가을이 더욱 빨리 오는 듯싶다. 이번에도 작품을 제출하라는 총무의 성화에 못 이겨 서서히 박차를 가했다
아마도 나는 무덤에 갈 때까지 이 버릇은 버리지 못할 것 같다.
더욱이 사랑이라는 주제로 사경을 해야 되는데 내 가슴은 벙어리 냉가슴보다 더 냉혈이었다. 사경은 손이 움직이는 것이 아니라 가슴이 호흡하듯 움직이며 한 땀 한 땀 옷을 짓는 여인처럼 써야 한다고 들은 적이 있다. 그러나 나는 요 근래 사랑이라는 글자조차도 등 뒤로 내던진 상태다. 붓과 손은 움직이나 거기에 靈이 없으니 나 자신도 감동이 없고 전시를 위한 작품을 하려니 고달프다. 얼마를 씨름했을까. 묵상하며 묵상하며 자신을 책망하며 다른 이들을 비꼬며 경홀히 여기며~~.
고린도전서 13장인 사랑을 한글로 쓰기 시작했다.
나의 지저분하고 이기적이며 시시비비만 논하는 모습이 조금씩 비추어지기 시작했다. 나의 내면과 싸우면서 날마다 조금씩 써내려 가는 동안 가슴앓이가 시작되었다. 큰 울림이었다. 전시회를 위해 억지로 해야 하는 사경에서 나를 돌아보는 사경으로 서서히 아주 조금씩 변해 가고 있었다.
아마도 내가 사경을 하는 이유가 이것이 아닐까 싶다. 누구도 느끼지 못하는 이 작은 떨림들이 나의 삶을 교정해주기 때문이다.
그때부터 나는 차분해지기 시작했고 내려놓으며 버려지며 나의 추한 모습들을 벗어버리려 하고 있다. 하기사 또 다른 상황이 또 다르게 나를 요동치며 곤두박질치게 하겠지만 말이다.
참으로 사랑은 오래 참음이다. 미워하면서도 오래 참음이다. 젊은이들은 사랑은 정열이라고 할지 모르나 이 늙은이에겐 끊임없이 오래 참으며 기다리는 것이라고 생각되어진다.
이 가을 나는 33인 사경 전시라는 명목 하에 한층 성숙해진 것 같다. 그러나 베드로가 예수를 부인한 것처럼 모든 사랑도 저버리고 훌훌 나의 이기심 속에 숨을지 모른다. 그때마다 그분. 나를 사랑하는 그분. 오래 참으사 기다려 주시며 사마리아 여인에게 다가가셨던 그분은 생수를 가져와 내 목을 적시고 나를 도닥이며 나를 안아주실 것이다. 나는 이제 힘을 내야겠다. 기뻐하라. 내가 또다시 말하노니 기뻐하라 하신 그분에게로 안겨야겠다.

김영애

서울특별시 서대문구 증가로 10길 70-7(홍은동)

010-9645-0215

2016 제1회 사경개인전 (서울, 한국미술관)
2011 서예문화대전 초대작가
연세대학교 사회교육원 서예지도자과정 이수
연세대학교 사회교육원 사경지도자과정 이수
2015 L.A 한국문화원 초대 회원전 출품

요나의 기도(요나서3, 4장) 감지 채색, 금니 15x21cm(3ea)

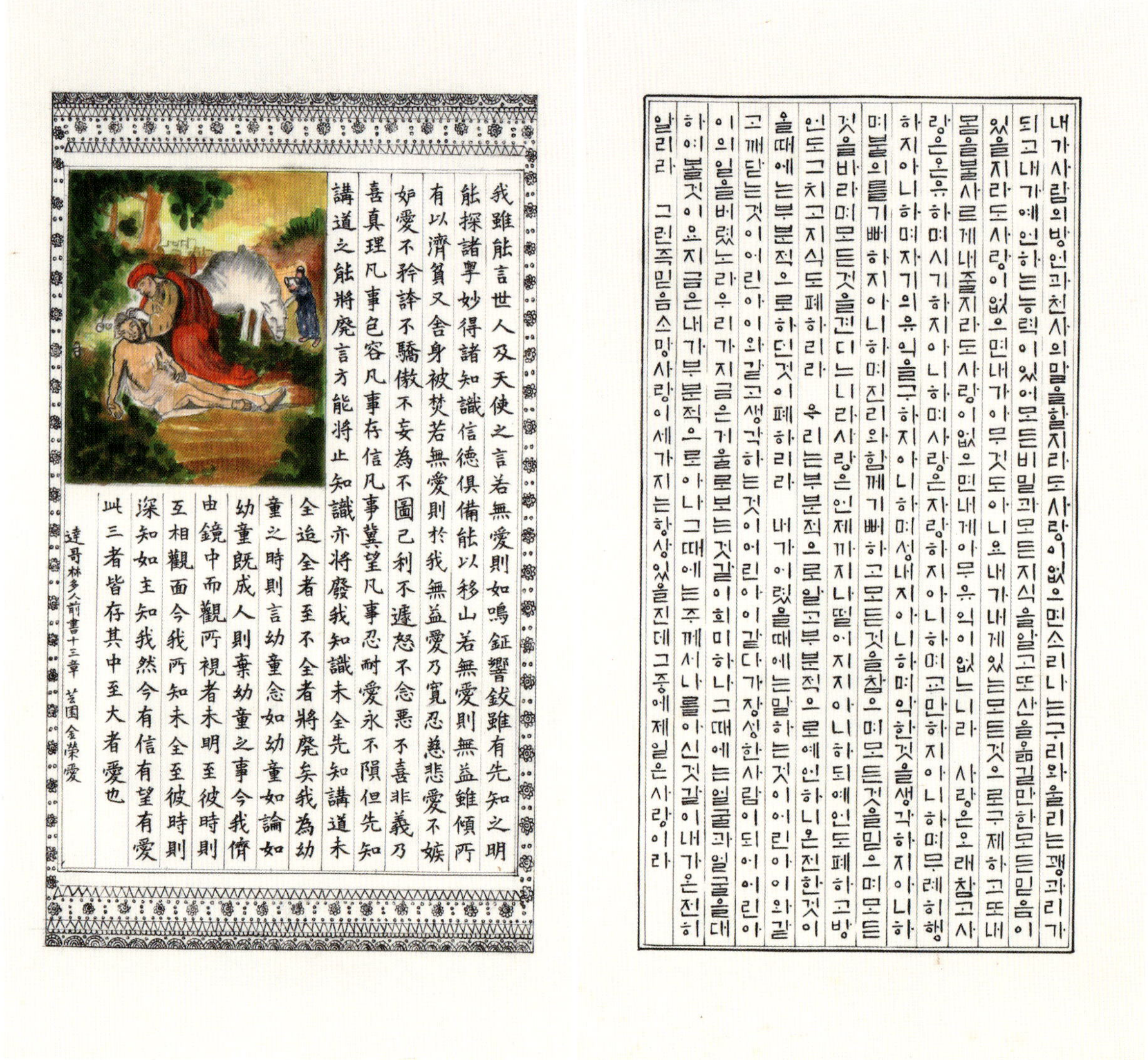

사랑(고린도전서 13장) 백지 채색 (가리개) 47x26cm(2ea)

예수께서제자들에게이르시되너희가다
나를버리리라이는기록된바내가목자를치
리니양들이흩어지리라하였음이니라그러하나
내가살아난후에너희보다먼저갈릴리로가리라
베드로가여짜오되다버릴지라도나는그리하지
않겠나이다예수께서이르시되내가진실로네
게이르노니오늘이밤닭이두번울기전에네가세
번나를부인하리라 베드로가힘있게말하되
내가주와함께죽을지언정주를부인하지않겠
나이다하고모든제자도이와같이말하니라

마가복음 십사장 중에서 가려쓰다 운원

예수의 예언(마가복음 14장) 홍지 은니, 사진 47x18cm

필묵의 멋에 심취해 붓을 잡은지도 어언 30년이고
사경(寫經) 수행을 봉행한지도 어느덧 10년이 넘었다.

부처님 진리의 말씀 한 점 한 획도 허투루 하지 않고
마음에 새기며 정성을 다해 한 자 한 자 써 내려가는
작품과정에서 때로는 오자(誤字)가 생기거나 판단의 실수로
예상치 못한 형태미가 나올 때마다 아무리 지치고 힘들어도
처음부터 다시 시작해 하나의 창작된 작품이 완성될 때까지
매번 반복하면서 작업을 한다.

이토록 어렵고도 험한 서예의 길을 나름대로 굳은 마음으로
채찍질 하며 오늘에 이르렀으며 결연한 불법홍포(佛法弘布)의 원력으로
사경불사에 매진해 한글·한문 법화경, 지장경, 약사경, 반야심경, 변상도 등
많은 경전들을 조성해 전시회를 가졌으며
앞으로도 예술적이고 참신한 작품을 위해 창작을 시도하고 있으며,
이에 큰 자부심을 느낀다.

나는 지금 이 순간이 가장 행복하다.
내가 거룩한 부처님께 귀의하여 사경을 시작한 것이
가장 큰 축복이며 사경의 대가 외길 김경호 선생님을 만난 것이 또한
큰 행운이고, 사경을 할 수 있게 많이 격려해 준 우리 가족의 힘
또한 큰 버팀목이 아닌가 싶다.
어제는 지나간 오늘이요, 내일은 다가오는 오늘이다.
오늘 하루하루를 이 삶의 전부로
느끼며 모두에게 두 손 모아 감사드린다.

허유지

서울특별시 노원구 동일로 250길 18, 109동 301호
(상계동, 동방미주아파트)

010-8989-5874

개인전 5회
2011, 2013 세계서예전북비엔날레 사경전 초대
서예문화대전 대상
경기도 미술대전 초대작가
NY 플러싱 타운홀 초대 회원전 출품
전) 한국사경연구회장

초전법륜도 만다라 감지 금·은니, 봉채 53x36cm

옴마니반메훔 만다라 감지 백금·황금·은니, 봉채 45x40cm

아미타경 백지 묵서, 봉채 (절첩본) 30x317cm

세상에서 가장 소중한 글을 쓰고 싶어
사경을 배우고 있습니다.
생각으론 여법하게 잘 쓰고 싶은데
어느새, 나의 눈, 나의 손은
제가 뜻하는 대로 움직여 주지 않아
갈등하고, 좌절하고, 그 속에서
다시 용기내어 공부합니다.

사경을 하면서 한없이 부족한 나를 보며
하심을 배우고 인내를 정진을
비교하지 않음을 모두 내려놓고
오직 부처님 말씀을 한 자 한 자
쓰는 데에 집중하다 보면
모든 망상과 번뇌는 어디로 가고
부처님 세계에 푹 빠져 있는 나를 봅니다.

그래도 참 잘하고 있다고
저무는 노을에 가장 좋은 벗은 만났으니
나는 참 행복한 길을 가고 있다고 말합니다.

모정자

경기도 안산시 단원구 광덕2로 241, 804동 602호
(고잔동, 그린빌)

010-5477-4609

NY 플러싱 타운홀 초대 회원전 출품
LA 한국문화원 초대 회원전 출품
서예문인화대전 은상
서예문화대전 특선
현) 한국사경연구회 특별회원

화엄경 보현행원품 변상도 백지 묵서 32x57cm

길상팔보도 홍지 금·은니 36x36cm

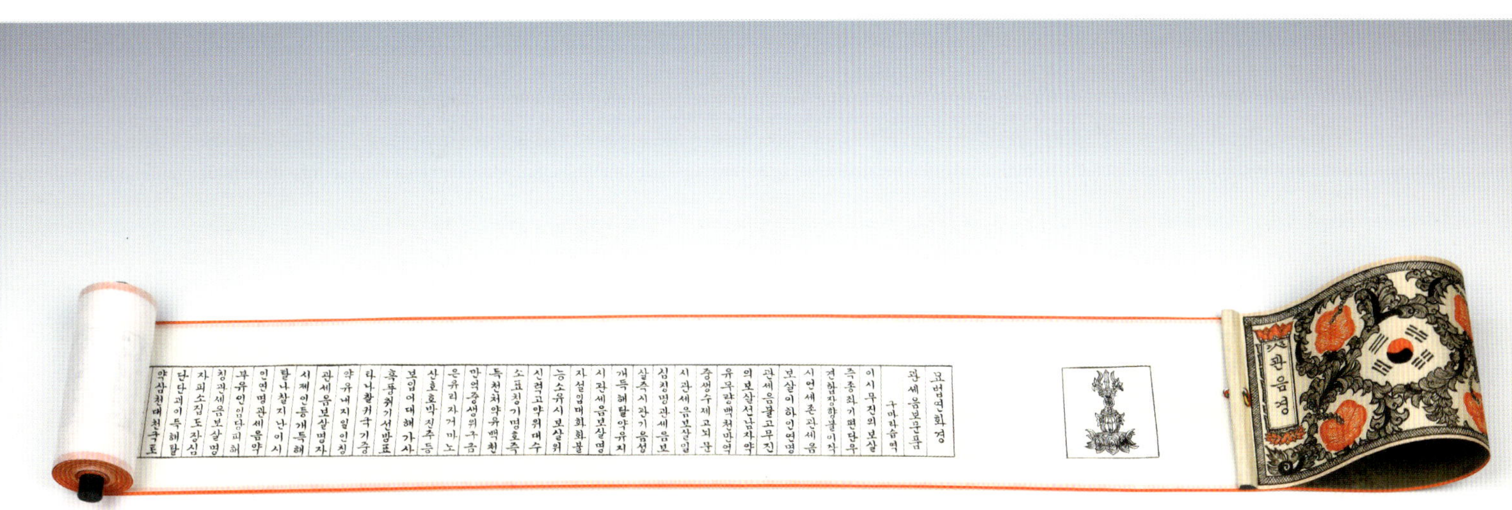

관세음보살보문품 백지 묵서, 봉채 (권자본) 8x400cm

내일이면 늦으리

나는 60대 초반에 80을 향해 20년 계획을 세웠습니다.
그리고 그 계획을 수행 삼아 별다른 흔들림이 없이 생활해 지금에 있으니
그 가운데는 사경이 바탕입니다.
고정된 타성에서 벗어나 여행을 즐기는 내가 사경에 심취하다 보니 여행이라는 그 즐거운 꿈을 다 내려놓고
붓 끝에 매달린 10년 세월 가운데는 뜻하지 않은 일들이 많았습니다.
뉴욕전시, 세계서예비엔날레, 부처님 복장불사 등과 주위의 많은 분들의 보살핌으로 개인전도 하였으니, 참으로 10년 세월이 아깝지 않습니다.

어느 날 새벽 신문에서 본 " 또 다른 수행 사경" 이라는 문구와
안국동 입구에서 만난 "김경호 선생님 사경전시회" 를 보았을 때의 그 희열 같은 떨림이 지금도 가슴을 조이게 합니다.
그때 그 감동으로 지금도 붓을 잡고 꿈을 그립니다.
그 어느 때는 이런 날도 있었습니다.
사경에 집중하다 보면 하루 한 끼 식사도, 해가 지는 것도 잊고 붓 끝에 삶의 모든 것을 내려놓을 때도 있었습니다.

사경은 집중을 요하는 수행이며 순수한 몰입의 집중은 커다란 침묵입니다.
침묵은 현재를 최대한으로 사는 것이라 생각합니다.
나는 그래서 사경을 생활의 즐거움으로 생각합니다.

김경호 선생님과의 10년 공부가 인생의 다였다고 해도 과언이 아니라고 호언하고 싶은 것은 사경이 나에게 주는 힘의 무게입니다.
만의 하나밖에 모르지만 그 하나를 최대한으로 생각하고 아무런 재주도 없는 내가 말년에 참 잘 살았다고 가슴 펴고 말합니다.
세상살이에 좋은 인연 만나는 것이 큰 복이 아닐까요?
집에서 마주하는 사랑하는 가족들과의 행복도,
서실에서 옷깃을 스치는 모든 도반님들과의 이연의 미소도 사경에서 얻어지는 행복입니다.

삶이 영원하지 않다는 것은 참으로 다행입니다.
유한한 시간 속에 잊을 것은 잊고 버릴 것은 버려야 하는 지혜를 일깨우니까요

내일이면 늦으리!

그 수많은 일들을 내일로 미루고 또 미룬 일들이 얼마나 많은가?
반성하는 나날입니다.
이제는 내일로 미룰 수 있는 내일은 없습니다.
이제야 깨닫는 오늘~~~. 부지런히 정진해야 합니다.

이번 작품은 금강경 변상도(선생님께서 이쁘지 않은 것을 주셔서)를 다시 다듬는 데 많이 노력했고 그리고 수년 전에 선생님께서 염주경을
주셨는데 도저히 능력이 되지 않아서 미루고 한 것을 이제라도 마무리해야 할 것 같아서 여름더위에 능력은 없지만 실력만큼 해 보았습니다.
그리고 병풍은 감지금니로 하는데 현재는 미완성이지만 그도 실력만큼입니다. 진즉부터 미루어 오던 것을 이제야 시작하고 마무리 합니다.

실력이란 잘 하냐, 못하냐가 아니고 꾸준히 하는 것이라고 생각합니다.
아직도 더위가 많이 남았으니 땀을 흘려야 하겠지만 부처님의 가호가 있기를 발원합니다.

어느 날 인사도 못 드리는 일이 생길까 보아 미리 인사드립니다.
그간 음으로 양으로 살펴주신 많은 분들의 노고에 감사드리며, 오늘의 나를 되돌아 봅니다. 참으로 모든 일들이 감사할 뿐입니다.
이번 12회 회원전에 동참할 기회를 주신 회장님과 총무님께 감사드리며,
사경수행이 주는 그 깊은 지혜와 올곧은 심해에 머리 숙이며 훗날 다시 태어나도 사경수행자가 될 것임을 발원합니다.
외길 김경호 선생님 이하 모든 회원님들의 수고하시는 바 사경의 전도에 서광이 있기를 부처님 전에 발원합니다.
감사합니다. 나무아미타불, 나무석가모니불, 나무마하반야바라밀 _()_

강경애

경기도 고양시 덕양구 고양동 푸른마을로 56, 503동 1301호

010-6392-4422

2011, 2013 세계서예전북비엔날레 사경전 초대
N.Y 플러싱 타운홀 초대 회원전 출품
L.A 한국문화원 초대 회원전 출품
뉴욕 정명사 불상 복장불사
태안 묘금륜원 불상 복장불사

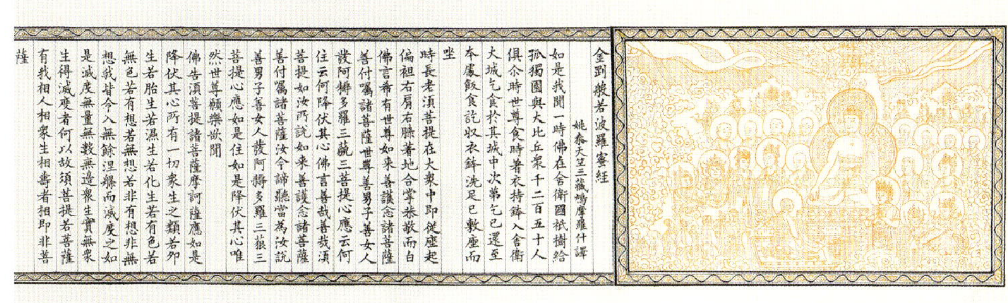

금강반야바라밀경 백지 묵서, 금·은니 (권자본) 31x1100cm

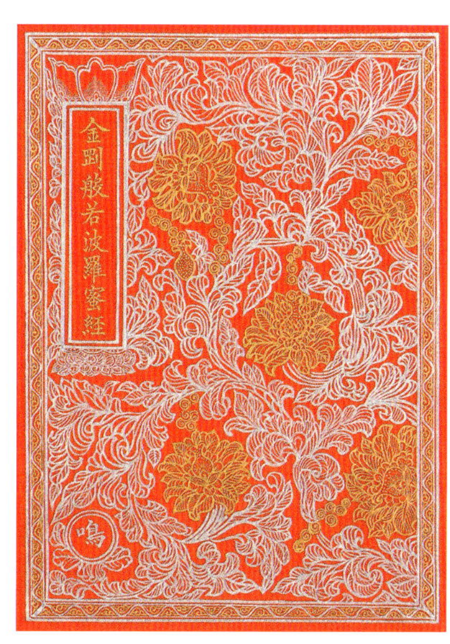

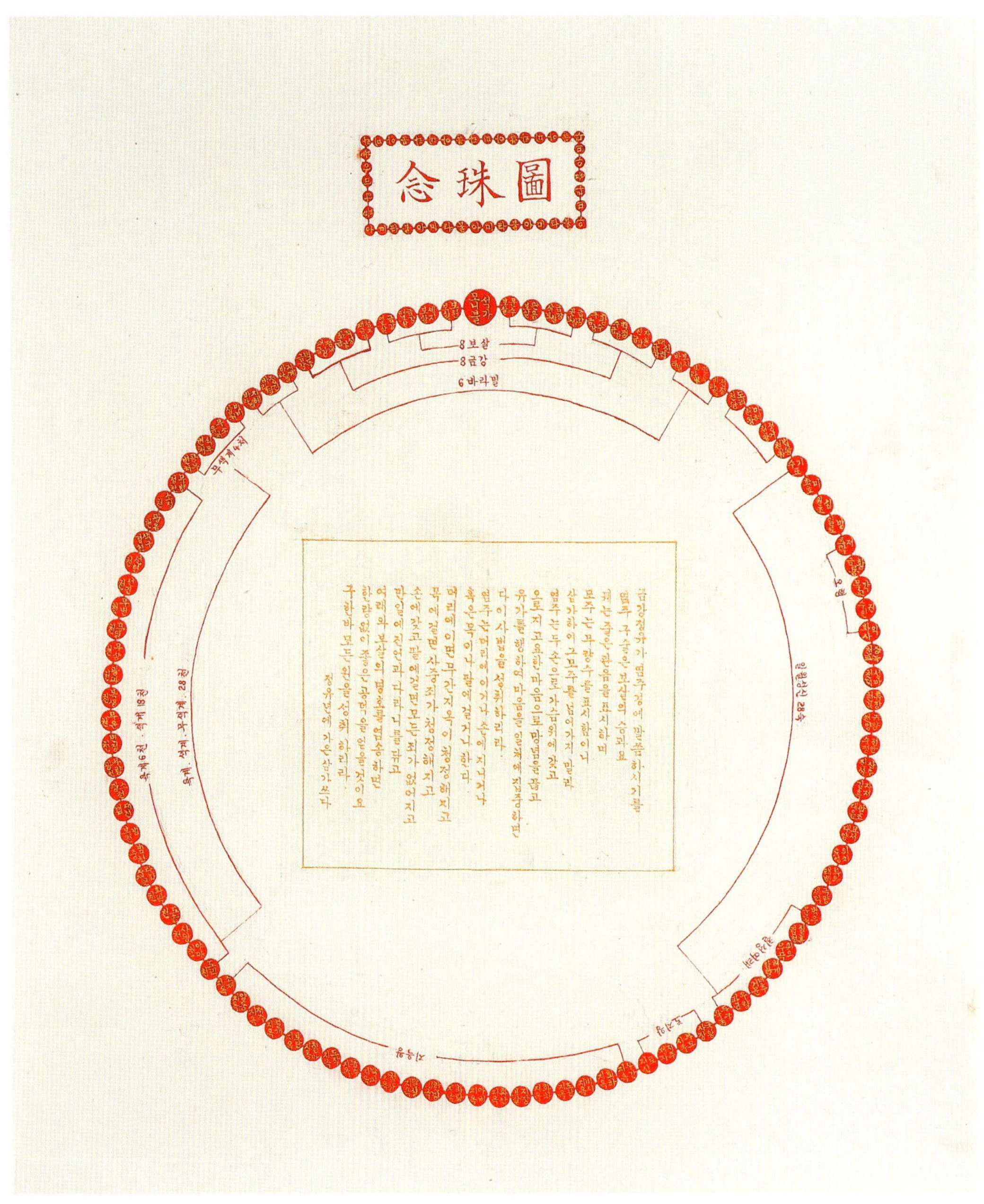

염주도 주묵 금니 70x50cm

金剛般若波羅蜜經

姚秦三藏沙門鳩摩羅什奉 詔譯

如是我聞一時佛在舍衛國祇樹給孤獨園與大比丘衆千二百五十人俱爾時世尊食時着衣持鉢入舍衛大城乞食於其城中次第乞已還至本處飯食訖收衣鉢洗足已敷座而坐　時長老須菩提在大衆中即從座起偏袒右肩右膝着地合掌恭敬而白佛言希有世尊如来善護念諸菩薩善付囑諸菩薩世尊善男子善女人發阿耨多羅三藐三菩提心應云何住云何降伏其心佛言善哉善哉須菩提如汝所說如来善護念諸菩薩善付囑諸菩薩汝今諦聽當為汝說善男子善女人發阿耨多羅三藐三菩提心應如是住如是降伏其心唯然世尊願樂欲聞　佛告須菩提諸菩薩摩訶薩應如是降伏其心所有一切衆生之類若卵生若胎生若濕生若化生若有色若無色若有想若無想若非有想非無想我皆令入無餘涅槃而滅度之如是滅度無量无數無邊衆生實無衆生得滅度者何以故須菩提若菩薩有我相人相衆生相壽者相即非菩薩　復次須菩提菩薩於法應無所住行於布施所謂不住色布施不住聲香味觸法布施須菩提菩薩應如是布施不住於相何以故若菩薩不住相布施其福德不可思量須菩提於意云何東方虛空可思量不不也世尊須菩提南

금강반야바라밀경 감지 금니 (8폭 병풍) 78x39cm

불법이 좋아서 부처님 절에 가 법문을 듣고 보리심을 발하여
"선오 후수(先悟 後修)" 먼저 깨치고 수행을 계속한다는 법문에 감명을 받았습니다.

난해한 한문경전을 사경하면서 법신 사리의 깊은 뜻을 보다 깊이 이해하고
청정한 불경을 사경하면서 불법의 심오한 경지를 알게 되었습니다.

13년 전 사경의 대가이신 김경호 선생님을 뵙게 되고 금강반야바라밀다심경 등
여러 경전을 사경하면서 예술적인 아름다움을 배우게 되어 감사합니다.

이경자

경기도 용인시 수지구 수지로 113번길 15
202동 504호(성복동, 성동마을 LG빌리지 2차Ⓐ)

010-2244-5577

서예문화대전 초대작가
뉴욕 플러싱 타운홀 초대 회원전 출품
미국 뉴저지 보리사 부처님 복장 불사
비로자나국제선원 불복장 사경 봉안
검단산 정심사 사리전각 사경불사

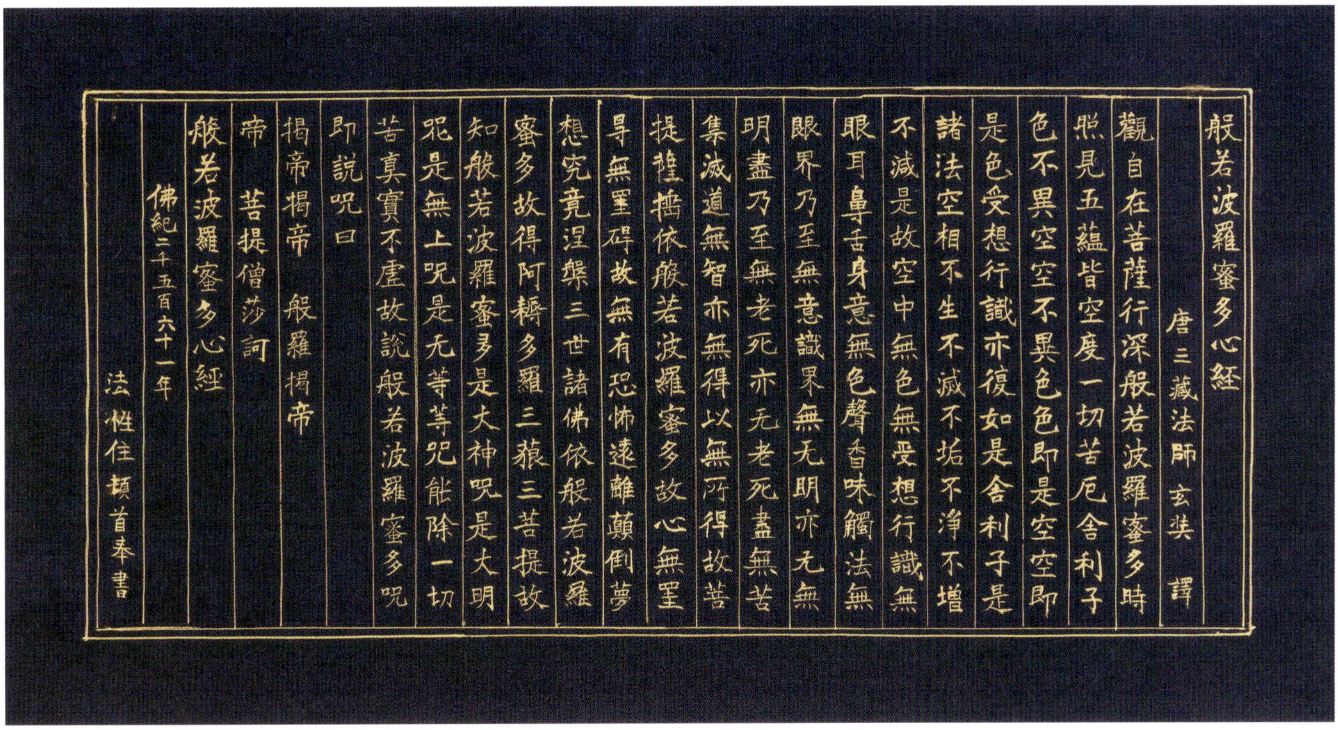

般若波羅蜜多心經
唐三藏法師 玄奘 譯
觀自在菩薩行深般若波羅蜜多時
照見五蘊皆空度一切苦厄舍利子
色不異空空不異色色即是空空即
是色受想行識亦復如是舍利子是
諸法空相不生不滅不垢不淨不增
不減是故空中無色無受想行識無
眼耳鼻舌身意無色聲香味觸法無
眼界乃至無意識界無无明亦无無
明盡乃至無老死亦无老死盡無苦
集滅道無智亦無得以無所得故菩
提薩埵依般若波羅蜜多故心無罣
导無罣碍故無有恐怖遠離顛倒夢
想究竟涅槃三世諸佛依般若波羅
蜜多故得阿耨多羅三藐三菩提故
知般若波羅蜜多是大神呪是大明
呪是無上呪是无等等呪能除一切
苦真實不虛故說般若波羅蜜多呪
即說呪曰
揭帝揭帝 般羅揭帝
帝 菩提僧莎訶
般若波羅蜜多心經
佛紀二千五百六十一年 法性住 頓首奉書

반야바라밀다심경 감지 금니 28x58cm

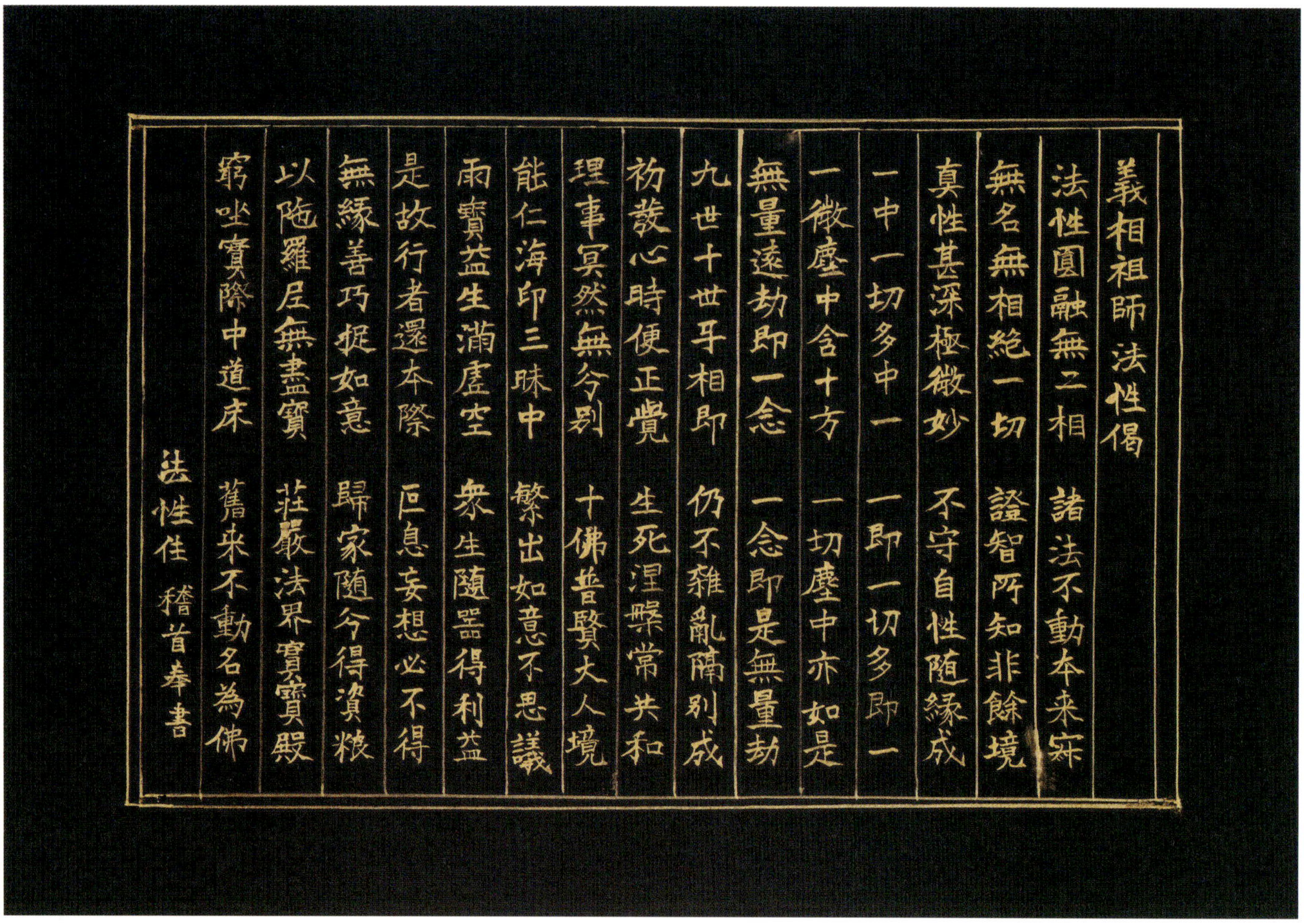

義相祖師 法性偈

法性圓融無二相 諸法不動本来寂

無名無相絶一切 證智所知非餘境

真性甚深極微妙 不守自性隨緣成

一中一切多中一 一即一切多即一

一微塵中含十方 一切塵中亦如是

無量遠劫即一念 一念即是無量劫

九世十世互相即 仍不雜亂隔別成

初發心時便正覺 生死涅槃常共和

理事冥然無分別 十佛普賢大人境

能仁海印三昧中 繁出如意不思議

雨寶益生滿虛空 衆生隨器得利益

是故行者還本際 叵息妄想必不得

無緣善巧捉如意 歸家隨分得資糧

以陁羅尼無盡寶 莊嚴法界實寶殿

窮坐實際中道床 舊来不動名為佛

法性住 稽首奉書

의상조사 법성계 감지 금니 28x42cm

팔정도 만다라 감지 금니, 주묵 32x32cm

김근홍

경상북도 성주군 선남면 소학 2길 13

010-9233-1368

서예문화대전 사경부문 초대작가
한국사경연구회원전 출품 다수
현) 한국사경연구회 정회원

화엄경약찬게 백지 묵서 (권자본) 32x170cm

반야바라밀다심경 홍지 금니 42x38cm

수월관음도 백지 묵서 140x71cm

매일 새벽 108배로 일상을 시작했던 내게
1980년대 심각한 무릎 관절 질환이 찾아오면서 수행을 계속할 다른 방법을 찾게 되었다.
이 당시 서사(書寫)의 공덕을 위하여 반야심경을 써 본 것이 사경의 첫걸음이었고,
점차 사경의 삼매에 빠져들게 되어 습작이 넘쳐나 소각을 반복할 지경에 이르렀다.

그러던 중 1992년 가을, 우연히 성지순례에서 불상 복장에 넣을 법화경을 구하고
계시던 스님을 만나 뵙게 되어 서툰 솜씨지만 정성을 다하여 사경하여 드렸다.
이를 시작으로 전국 각지의 연 깊은 스님들로부터 요청을 받게 되었고,
작품이 미숙하여 복장불사 하기에는 부끄럽다고 하였으나
불심이 깃든 정성을 높이 사신 여러 스님들 덕에 용기를 내었다.
그리하여 어느덧 국내외 58개 사찰에 복장사경불사를 하기에 이르렀다.

2009년부터는 한국사경연구회의 회원으로서 좋은 선생님을 비롯한 여러 회원들과
소중한 인연을 쌓으며 사경의 다양한 기법을 체계적으로 배우고 연구하게 되었다.
적지 않은 나이와 수전증으로 인하여
생각과 달리 몸이 따르지 않아 어려운 점도 많고 아직 부족한 점도 많다.
더욱이 공덕을 쌓기 위한 수행의 일부에 불과했던 사경으로
작가의 호칭을 붙이고 전시회를 한다는 것은 어찌 보면 불자로서 부끄러운 일이다.
허나 이 또한 앞으로 더욱 수행에 정진하라는 부처님의 뜻이라 여기고
내 몸이 허락하는 날까지 계속 수행의 붓을 놓지 않을 것이다.

이순래

서울특별시 서초구 동광로 32길 7, 101동 203호
(반포동, 삼창골든빌리지)

010-5067-5156

2012 NY 플러싱 타운홀 초대 회원전 출품
2014 LA 한국문화원 초대 회원전 출품
2010~2016 한국사경연구회원전 출품
화엄사, 법주사, 불국사, 해인사, 무상사, 뉴질랜드 환희정사 외
58사 복장사경불사

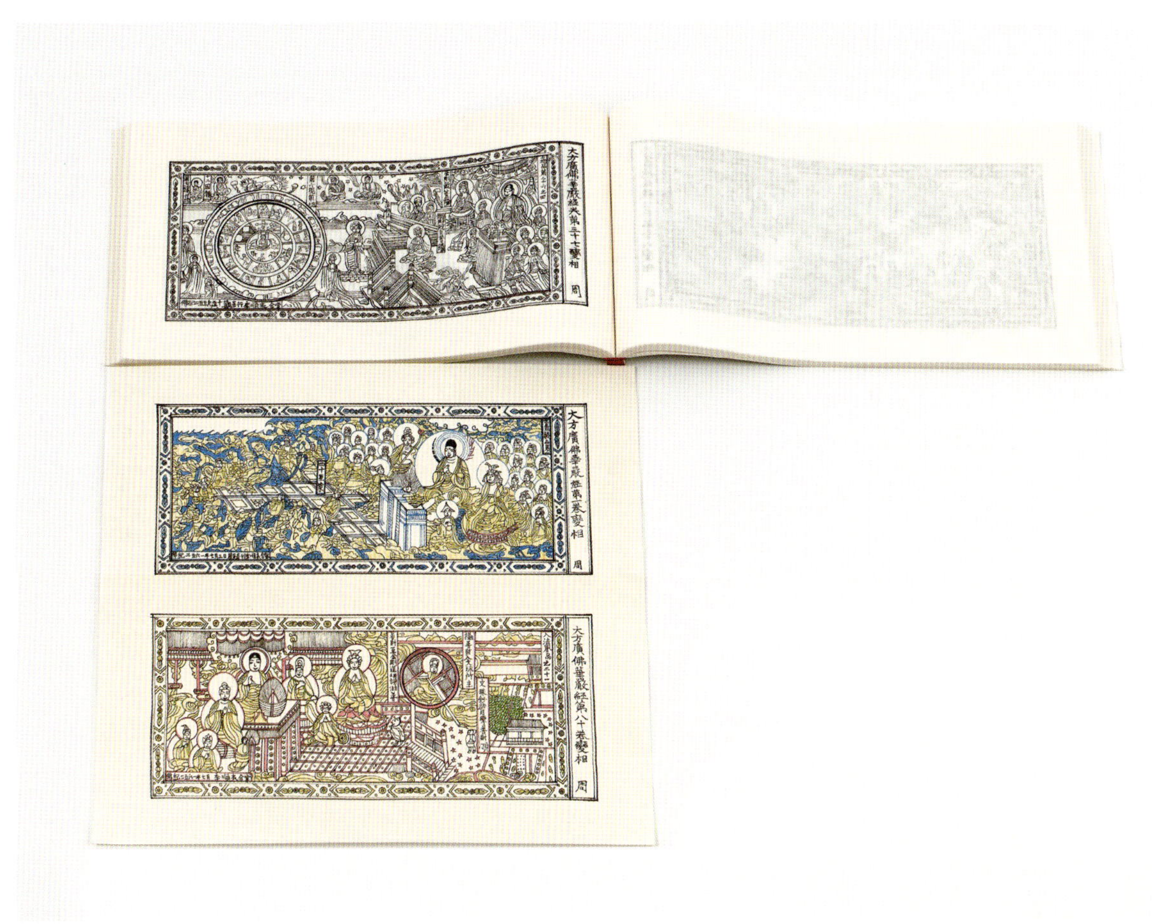

대방광불화엄경 변상도 비단 채색, 먹 (선장본) 20x40cm

금강반야바라밀경 백지 묵서 (절첩본) 35x745cm

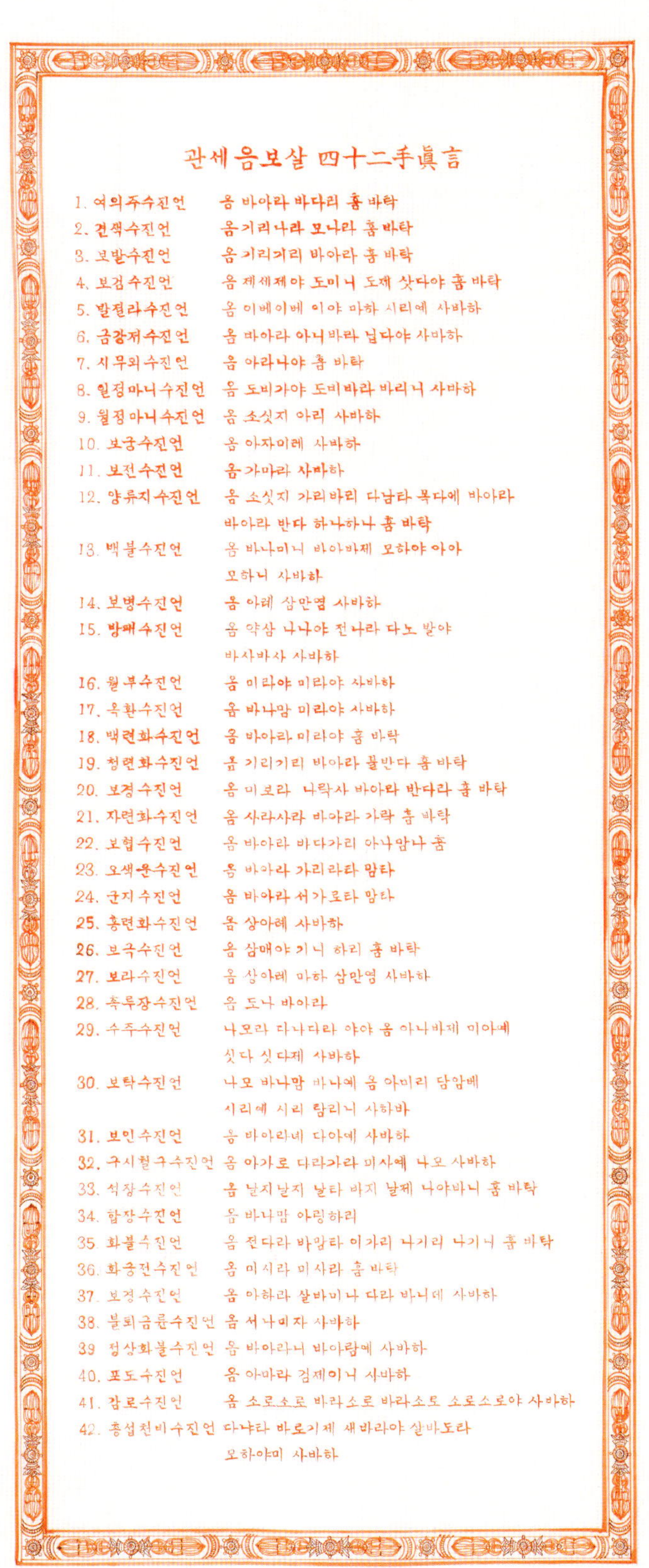

관세음보살 42수진언 비단 주묵 87x40cm

제12회 한국사경연구회원전을 맞으며

김경호 선생님의 "사경은 육바라밀 수행이라"는 강의를 되새기며

1. 사경 전에 부처님께 올리는 공양미라 불전은 재보시요
2. 도반들과 함께 기쁜 마음으로 부처님 말씀을 전하니 법보시며
3. 사경을 하는 동안 오계를 지키니 지계요
4. 놀고 싶은 마음, 성내는 마음을 가라앉히니 인욕이라
5. 한 번 붓을 잡으면 몇 시간이 훌쩍 흐르니 정진이요
6. 사경을 하는 동안 마음이 저절로 고요해지니 선정이며
7. 위와 같이 사경을 하니 그 과정에서 어찌 지혜가 나오지 않으랴

라고 말씀하신 것을 다시금 되새기며

자신이 가장 소중한 것을 버릴 때 공덕이 됨을 믿으며......

김명림

경기도 용인시 수지구 진산로 66번길 27, 703동
903호(풍덕천동, 진산마을 삼성래미안 7차)

010-8961-9365

2012 사경 개인전(서울, 예술의전당)
2016 사경 개인전(서울, 한국미술관 초대)
2011, 2013 세계서예전북비엔날레 사경전 초대
2011 한글서예대축제 초대(서울, 예술의전당)
2014 한국 현대여성 중견작가전 초대 외 다수

문수보살도 한지 금니 53x24cm

반야바라밀다심경 한지 금니 23x23cm

반야바라밀다심경 한지 금니 43.5x21cm

색계

色界

범중천 梵衆天	윤경남
범보천 梵輔天	최혜자
대범천 大梵天	송명숙
소광천 少光天	최현자
무량광천 無量光天	이규선
극광정천 極光淨天	송정민
소정천 少淨天	양명순
무량정천 無量淨天	이은정
변정천 邊淨天	이강희
무운천 無雲天	최애숙
복생천 福生天	이계희
광과천 廣果天	주윤진
무상천 無想天	박경빈
무번천 無煩天	정향자
무열천 無熱天	김귀향
선현천 善現天	박진희
선견천 善見天	김민지
색구경천 色究竟天	정숙인

사경은 나의 꿈이고 친구이다.
깊은 내면 속 또 다른 나를 만나는 시간.
나와 놀 수 있는 이 시간들이 너무 행복하다.
어느 순간, 노년이 되었고 죽기 위한 시간만 남아 있음을 알았을 때,
사경을 함으로써 생명의 힘을 느끼고 시간을 좀 먹고 사는 내가 아니여서 참으로 고맙고 감사하다.

이번 작품은 불교의 우주관 33천을
불교 기본교리인 부처님 말씀을 마음 중심에 담아
무시무종(無始無終)의 생사윤회를 벗어나고픈 마음으로
색(色)으로서 깊고 오묘한 진리의 세계를 표현하고자 했다.
부족하지만 정성을 담은 만큼 법향으로 주위가 향기로워졌으면 하는 바램을 가져 본다.
저녁 노을은 하루의 빛을 모두 품어 안았던 빛의 산란, 생성과 소멸의 애틋한 이별의 아름다움을
우리에게 찬란하게 전해 주고 사라진다.
나의 마지막도 사경으로 회향하는 저녁 노을이고 싶다.

윤경남

경기도 김포시 청송로 20, 212동 1504호
(장기동, 청송마을 현대아파트)

010-3744-9794

사경 초대 개인전 2회(한국미술관, M미술관)
NY 플러싱 타운홀 초대 회원전 출품
LA 한국 문화원 초대 회원전 출품
서예문화대전 사경부문 초대작가
현) 한국사경연구회 정예회원, 재무이사

삼십삼천 장엄도 비단 채색, 금니 57.5×39cm

무시무종 만다라 비단 채색, 금·은니 40×40cm

금강반야바라밀경 보탑도 백지 묵서 153x40cm

사경은 수행정진의 중요한 방편 중에 한 부분이라고 생각합니다.
부처님의 행적을 찬란하고 장엄하고 그 공덕을 기리며 마음의 위안을 얻고
또한 나도 부처님과 같이 되고 닮고자 하는 간절한 마음으로 한 자 한 자 써내려 가노라면
표현할 길 없는 평온함과 기쁨을 얻을 때 진정 행복을 느낍니다.

우리나라의 사경미술과 부처님 세계의 장엄은 예로부터 뛰어났다고 합니다.
고려사의 문헌에도 나와 있듯이 나라에서 운영하는 사경원을 따로 두고
수십명에서 수백명에 이르는 사경승이 계셨으며 중국 원나라까지 파견되어
금·은·대장경을 완성하고 돌아오시는 일이 많았다고 하니 참으로 영광스러운 일이었던 것 같습니다.

한동안 맥이 끊어진 전통사경을 계승한다는 것이 정말 어려운 일인데 저의 스승이시고
우리나라의 큰 선지식이신 외길 김경호 선생님이 계셔서 지금 이렇게 저도 이어가는 것이라고 확신합니다.
저 역시 더디지만 한 발 한 발 따라가 봅니다.
전통사경을 연구, 계승 발전시켜 오늘날의 현실과 병용시켜서
불교신앙의 길잡이로 삼고 싶은 마음으로 부처님께 합장 발원해 봅니다.

최혜자

대구광역시 수성구 화랑로 34길 141
103동 1102호(만촌동, 화성파크스위트)

010-6244-5787

개인전 3회
대한민국 서예대전 초대작가
세계서예전북비엔날레 사경전 초대
해동서예대전 사경부문 대상
현) 한국사경연구회 특별회원, 대구한국불교대학 사경반 강의

의상조사 법성게 한지 금니 10x35cm

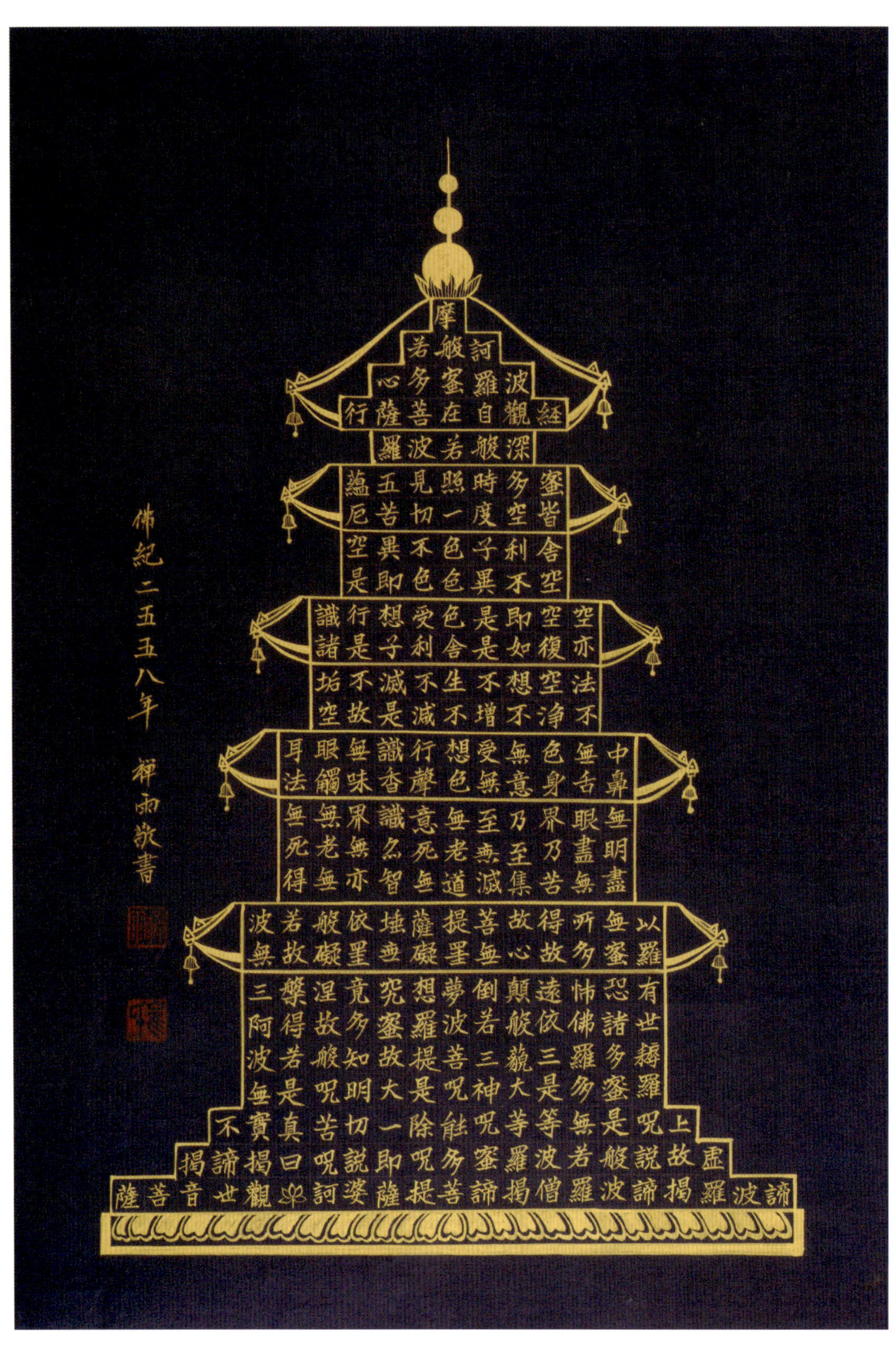

반야바라밀다심경 보탑도 감지 금니 33x21cm

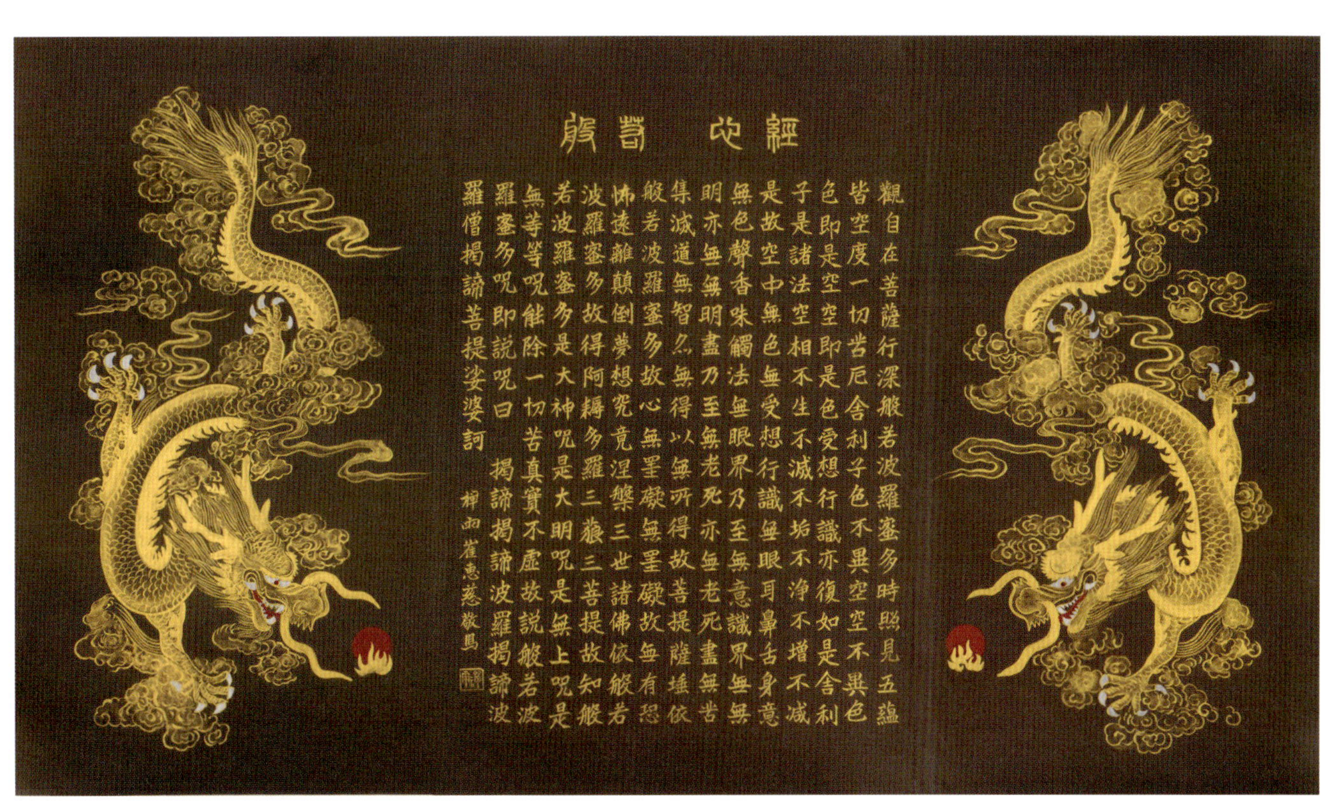

반야바라밀다심경 한지 금니 29x45cm

지녀막여모(知女莫如母)라고 했다. 딸을 아는데 어머니만한 이가 없다는 말이다. 나는 과연 어머니를 잘 알고 있는 걸까 생각해 본다.
나이 탓인가 요즘 들어 어머니에 대한 생각이 많아졌다. 한평생 굴곡진 삶을 잘 견뎌내시고 남은 생 든든한 아들 곁에서 꽃길만 걷게 되실 줄 알았다.
그런 강인했던 분이 지금은 아무 저항할 힘도 없는 노인이 되어 몇 년째 요양원에 누워계신다. 거동만 못 할뿐, 말이나 생각은 그대로인데
그래서 더욱 안쓰럽다. 내가 할 수 있는 일이란 반야의 지혜를 읊조리며 두 손 모아 관세음보살님을 찾을 뿐이다.

연일 폭염주의보가 전해지지만 덥고 습한 작업실에서 사경에 몰입하고 있다. 오래전부터 사경을 사성하는 일이 거의 생활의 일부가 된 지금 돌아보니,
그동안 많은 경전을 써 왔다. 그 중에 반야심경을 가장 많이 쓴 것 같다. 반야사상의 핵심을 담은 간략한 경전이고 보니, 수행의 방편으로
때로는 기도의 목적으로 쓰고 마음을 닦으며 지혜를 구하기도 한다. 이번 작품은 어머니를 생각하며, 현실에 처한 모든 이들의 문제가 해결되기를 비는
마음으로 시작하였다.

오래 전 간직해 온 '관음보살도'를 변상으로 반야바라밀다심경을 썼다. 관음보살의 모습이 마치 자애로운 어머니 같아 보인다.
그는 세상의 소리, 고통에서 나오는 울부짖음을 듣는 존재이며, 간절하고 진실된 마음으로 찾으면 구원의 손길을 내민다고 한다.
그가 언제부터인지 모르지만 내 마음에 수호천사가 되었다.
부족하기만한 큰 딸이 어려움을 겪고 있을 때 어머닌 외손주들에게 알게 모르게 큰 사랑을 주셨다. 나는 어머니에게 늘 아픈 손가락이었다.
딸은 어머니를 다 안다고 하지만, 어머니는 딸의 마음을 가장 잘 알고 계신 유일한 분이셨다.

송명숙

서울 성북구 화랑로 18자길 24(상월곡동)

010-6624-2218

전통사경기능이수자(외길 김경호 사사)
제3회 서예문화대전 사경부문 최우수상
세계서예전북비엔날레 사경전 초대
2008 사경개인전(예술의전당 서울서예박물관)
한국사경연구회원전 다수 출품

般若波羅蜜多心經

觀自在菩薩行深般若波羅蜜多時照見五
蘊皆空度一切苦厄舍利子色不異空空不
異色色卽是空空卽是色受想行識亦復如
是舍利子是諸法空相不生不滅不垢不淨
不增不減是故空中無色無受想行識無眼
耳鼻舌身意无色聲香味觸法無眼界乃至
無意識界無無明亦無無明盡乃至無老死
亦無老死盡無苦集滅道無智亦無得以無
所得故菩提薩埵依般若波羅蜜多故心無
罣碍無罣导故無有恐怖遠離顛倒夢想究
竟涅槃三世諸佛依般若波羅蜜多故得阿
耨多羅三藐三菩提故知般若波羅蜜多是
大神呪是大明呪是無上呪是無等等呪能
除一切苦真實不虛故說般若波羅蜜多咒
卽說呪曰

揭帝揭帝　般羅揭帝
般羅僧揭帝　菩提僧莎訶

二千十七年 田雲 宋明淋 合掌

반야바라밀다심경 백지 묵서, 목판인출 59x42cm

관자재보살이 깊은반야바라밀다를행할때 다섯가지 쌓임
이모두 공한것을 비추어 보고 온갖 괴로움과 재앙을 건지
느니라. 사리불이여 물질이 공과 다르지않고공이 물질과
다르지 않으며 물질이 곧 공이요 공이 곧물질이니 느낌과 생각
과 지어감과 의식도 또한 그러하니라. 사리불이여 이모든 법
의 공한 모양은 나지도않고 없어지지도않으며 더럽지도않고
깨끗하지도 않으며 늘지도 않고 줄지도 않느니라. 그러므로
공 가운데는 물질도 없고 느낌과 생각과 지어감과 의식도없
으며 눈과 귀와 코와 혀와 몸과 뜻도 없으며 빛과 소리와 냄
새와 맛과 닿임과 법도 없으며 눈의 경계도 없고 의식의 경
계까지도 없으며 무명도 없고 또한 무명이 다함도없으며 늙고
죽음도 없고 또한 늙고죽음이 다함까지도 없으며 괴로움 과
괴로움의 원인과 괴로움의 없어짐과 괴로움을 없애는 길도 없
으며 지혜도 없고 얻음도 없느니라. 얻을것이 없는 까닭에
보살은 반야 바라 밀다를 의지하므로 마음에 걸림이 없고
걸림이 없으므로 두려움이 없어서 뒤바뀐 헛된 생각을 아
주떠나 완전한열반에 들어가며 과거현재미래의 모든 부처님도
이반야바라밀다를 의지하므로 아뇩다라삼먁삼보리를 얻
느니라. 그러므로 알아라. 반야바라밀다는 가장신비한주문
이며 가장밝은주문이며 가장높은주문이며 아무것과도견줄
수 없는 주문이니 온갖괴로움을 없애고 진실하여 허망하지않
느니라. 그러므로 반야바라밀다의 주문을 말하노니 주문은 곧
이러하니라. 아제아제 바라아제 바라승아제 모지 사바하

願以此功德 普及於一切 我等與衆生 皆共成佛道

불기 이천오백육십일년 칠월 전운 송명숙 합장

반야바라밀다심경 백지 경면주사, 목판인출 99x33cm

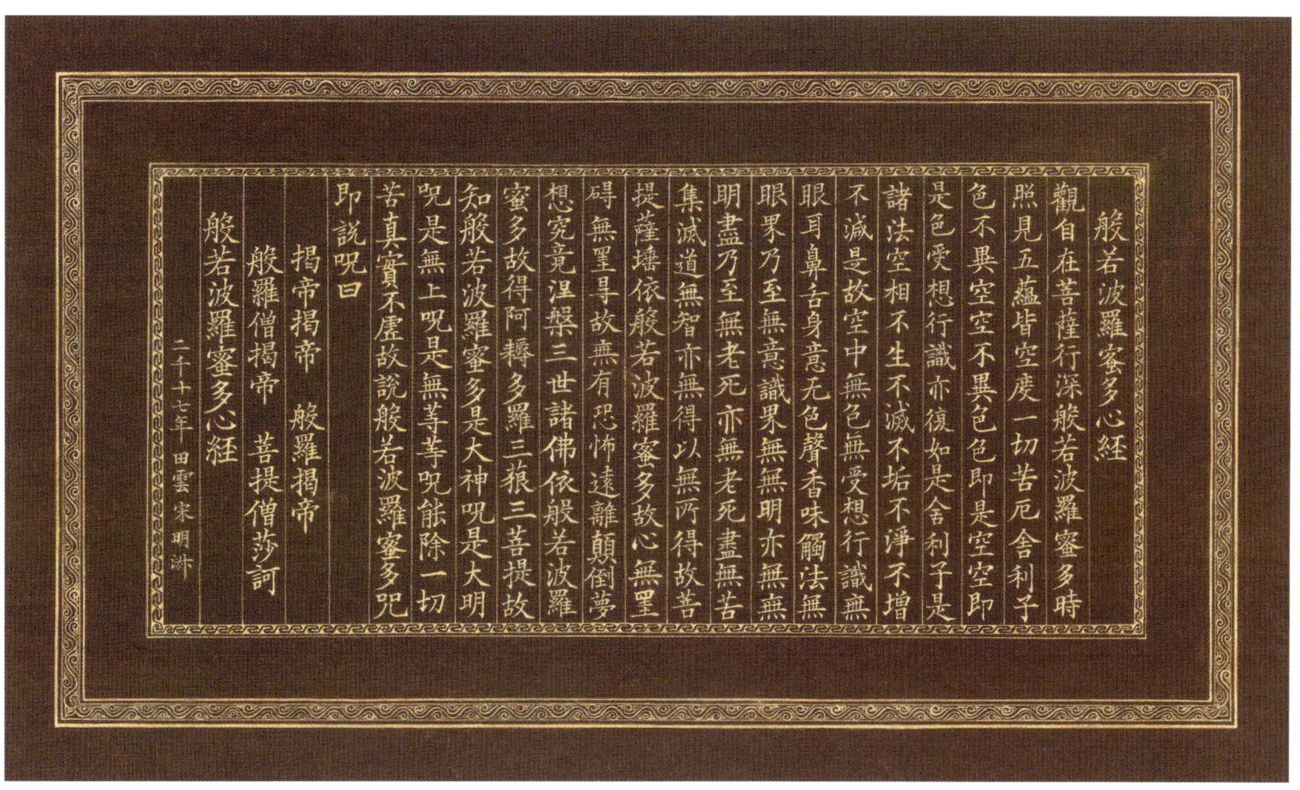

반야바라밀다심경 한지 금니 36x60cm

사경이라는 것은 성인의 말씀이나 경전을 그대로 옮겨 쓰는 일이라 보며
수행의 수단으로 오롯이 붓 끝에 마음을 모아 오직 부처님의 깨달음을 본 받고자 일념으로 한 획 한 획
정성을 들여 사경을 하다 보니 번뇌 망상이 저만치 달아나고 마음이 평온해졌습니다.

사경을 시작한 지 어느새 8년이 넘었네요
잠도 못 자고 식욕도 없던 힘든 어느 날 우연한 기회로 사경이 내게 다가왔습니다.
절 안에 도서관에서 봉사하는 친구를 만나러 갔다가 일인 책상 위에 벼루와 붓이 있고 앞면에는
반야심경 뒷면에는 관세음보살상을 사경할 수 있는 종이가 있어 붓을 들고 하기 시작했더니 편안한
마음을 갖게 되었습니다.

그 후 금강경을 기도 삼아 매일 조금씩 쓰기 시작했습니다.
어느 날 아버님께서 보시고 가져가시어 댁에 걸어 놓으신 걸 보고 언젠가는 더 잘 써드려야겠다고
생각하게 되었습니다. 그 소원은 작년에 금강경 선장본을 엮어 바꿔드렸습니다.
이제는 사경과 벗 삼아 영혼이 맑고 곱게 세월 가기를 기원합니다.

최현자

서울특별시 은평구 불광로 2길 16, 108동 804호
(불광동, 북한산현대홈타운아파트)

010-6215-8228

N.Y 플러싱 타운홀 초대 회원전 출품
서예문화대전 특선
서예문인화대전 특선
해동문화대전 특선
현) 한국사경연구회 정회원

반야바라밀다심경 감지 금니 (권자본) 11.5x95cm

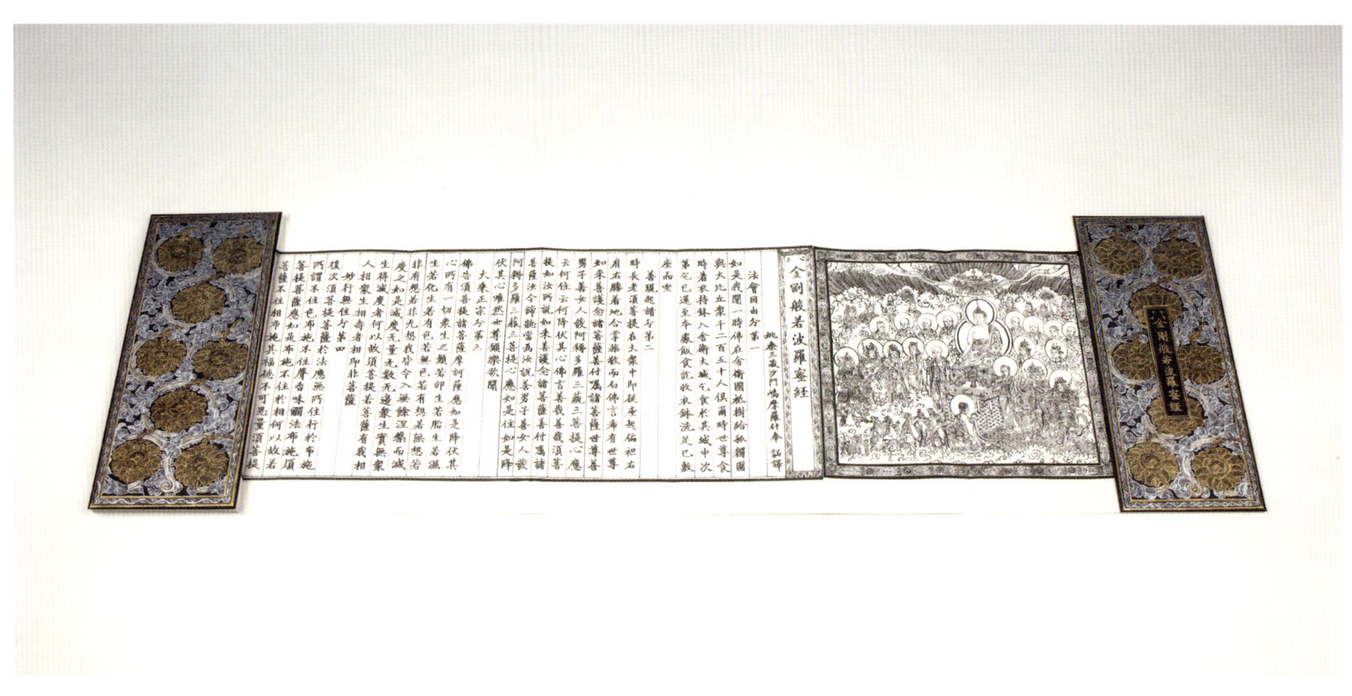

금강반야바라밀경 백지 묵서, 금·은니 (절첩본) 35x800cm

보현보살도 홍지 은니 46x33cm

새벽마다 숲속에 앉아서 아침을 엽니다. 해가 떠오르면 나뭇잎들은 녹색별이 되고,
몸은 은하수에 떠 있는 일엽편주 되어, 생각의 일(起)고 짐(滅)을 바라보기(返觀)도 합니다.
포행 할 때는 옛 조사들의 선시를 암송하며 잔잔한 기쁨을 만끽하기도 하구요.

마음이 산만할 때는 향 피우고 조용히 앉아 작은 붓을 들어봅니다.
한지 위에 발현되는 획과 선들을 이어가다 보면 나도 없는 텅 빈 순간들…….
너와 나, 저것과 이것이 둘이 아님을 알게 하는 고마움들.

때로는 우연히 만나는 유정·무정의 인연들이 부처님의 모습이요 경책 아님이 없다고…….
순간의 느낌들을 사진으로 찍어내고 붓으로 써 보겠다며 객기를 부려보기도 합니다.

친구들 저를 보고 그럽니다. 뭘 그리 어렵게 사느냐고…….
하지만 하고 싶은 일만 골라 하며 살아도 되는 축복의 노년인데 어렵기는요?

부처님의 가피 충만으로 나날이 평온하고 여여로운 날이랍니다.

이규선

경기도 이천시 어재연로 10번길 6(중리동) 2층

010-2262-2236

2017 사경 개인전(붓다의 말씀전, 이천시 아트홀)
2007 사진 개인전(road&monochome, 충무로·인천)
2016 선묵 '해피 붓다전' 참가(인사동)
이천시 영월암 불상·석탑 복장불사
세계서법문화예술대전 초대작가(3체상 수상 등)

노송(老松) 사진, 묵서반전 75x42cm

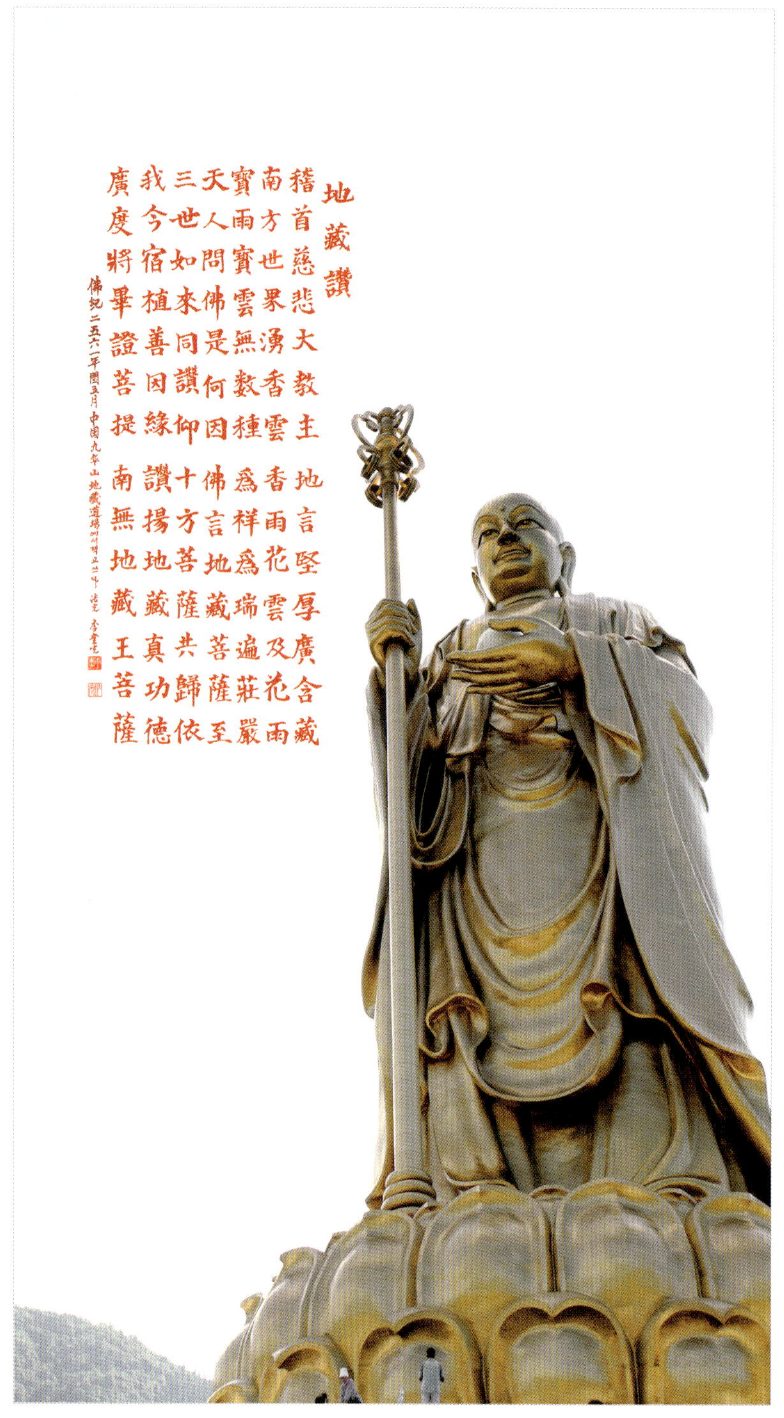

지장찬(地藏讚) 사진, 경면주사 75x42cm

수행이리원(修行二利願) 사진, 금니 55x40cm

한국사경연구회 회원전이 12회를 맞이하면서 33인에 참가한 것은 너무나 염치없고 부끄러운 일이라 후회와 걱정은 태산같았지만 제1회 대한민국전승공예대전에서 특선을 받았다는 것 하나로 스님의 말씀에 아무 말도 못하고 머뭇거리고 있었다.

수월관세음보살님 금사로 수를 놓으려고 시작하고는 너무나 힘이 들고 어려워서 중간에 포기하려는 마음은 수없이 많았지만 관세음보살님 부디 끝맺음을 할 수 있도록 도와주십시오 간절히 기도하면서 바늘을 들면 언제부턴가 실 가는 길이 열리고 바늘뜸의 간격이 보이고 속도가 빨라지면서 환하게 밝게 비추임에 이게 왠일이야 이게 무엇이지 의아해하면서 감격과 신비로움에 2년 4개월이 훌쩍 지나고…….

스님께서 주시는 십일면보살님이라는 체본을 들고는 고민하다가 부처님 머리를 닮아서 불두화이고 향기와 씨가 없어서 벌과 나비가 오지 않는 제행무상의 꽃말을 연상하면서 정성을 다하여 꽃잎에 경을 넣어보았다.

해마다 백중일이 있지만 올해는 부모님은 어디에 계실까 더 뵙고 싶은 마음에 부모은중경을 사경하면서 부처님 법랑에 갈 수 있고 큰스님의 법문에 행복함을 가득 가슴에 안으며 피안의 그날까지 사경수행과 정진으로 갈 수 있도록 관세음보살 도와주시옵소서 관세음보살 관세음보살

송정민

서울특별시 구로구 오류로 30, 102동 105호
(오류동, 천왕연지타운1단지)

010-7578-7630

뉴욕 플러싱 타운홀 초대 회원전
LA 한국문화원 초대 회원전
양평군 법랑여래사 불복장 사경 봉안
제41회 대한민국 전승공예대전 제3분과 특선
비로자나국제선원 불복장 사경 봉안

수월관세음보살 실크(금사), 자수 76x36.5cm

부모은중경 백지 묵서 (절첩본) 30x230cm

십일면 관세음보살 백지 묵서 48x48cm

부처님께서 설하신 불법을 알고자 참선 공부를 하던 중에 외길 김경호 선생님의 사경을 접하고
붓도 제대로 잡아 보지 못했던 제가 늦은 나이에 전통사경 공부를 시작하게 됐습니다.
선생님을 비롯하여 행오스님의 꾸준한 가르침 덕분에 여기까지 이르게 되어 참으로 고맙습니다.

항상 기도하는 마음으로 매일 꾸준히 경(經)을 서사하다 보면,
어느새 한 작품이 완성되어 환희심을 느끼게 됩니다. 늘 경건한 마음 자세와 인내로 사경을 하며,
복잡했던 마음도 이제는 조금씩 다스릴 수 있는 것 같아 감사하고 고맙습니다.

양명순

서울시 강서구 까치산로 4 나길 39, 202호
(화곡동, 하이트맨션)

010-9110-0383

서예문인화대전 특선, 동상
서예문화대전 특선, 입선
해동문화대전 입선

여래십대발원문 백지 주묵 57x27cm

아미타경 보탑도 백지 묵서, 주묵 136x60cm

금강반야바라밀경 백지 묵서, 감지, 금·은니 (권자본) 35x1800cm

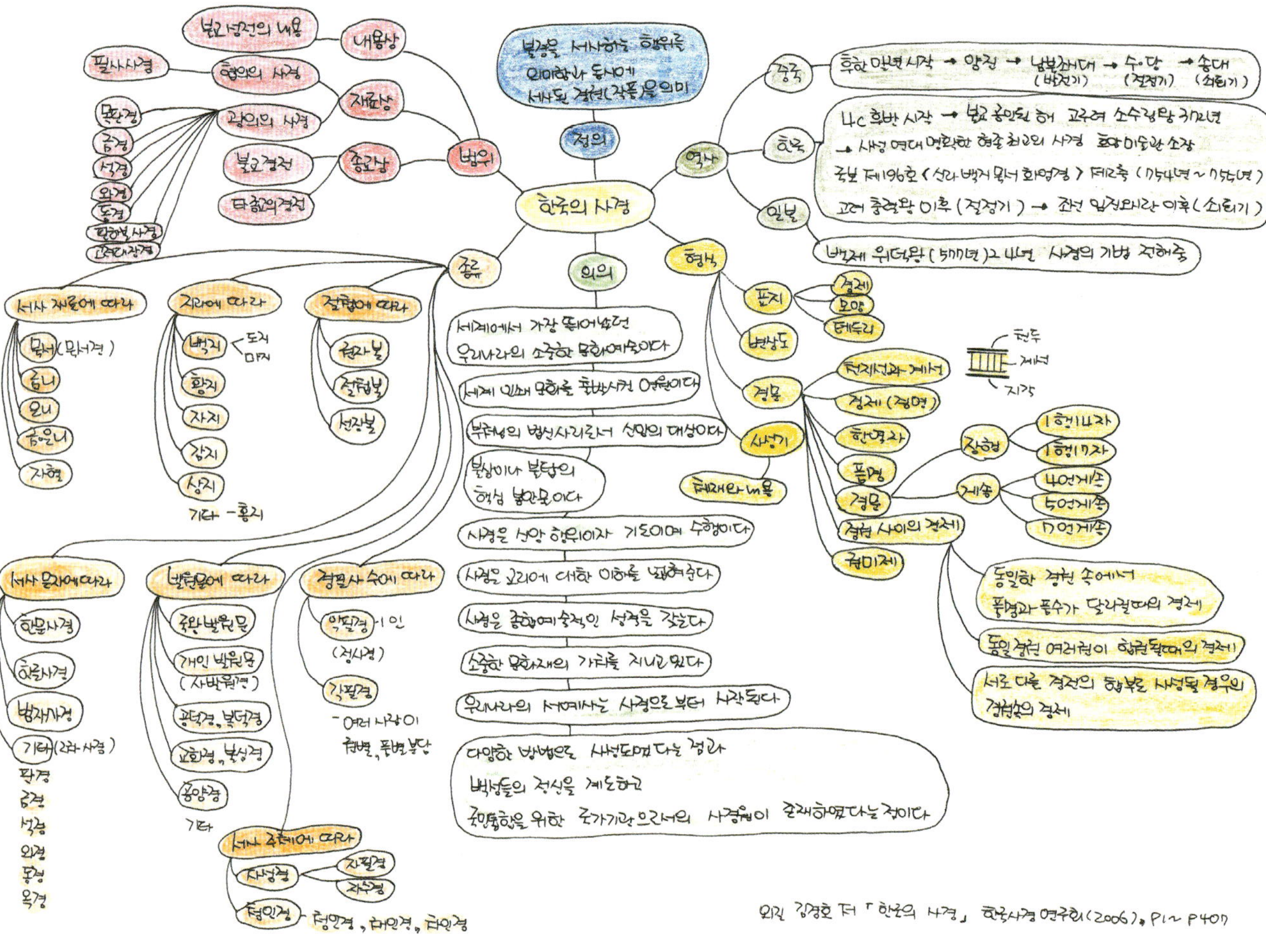

한국의 사경

정의
불경을 서사하는 행위를 의미함과 동시에 서사된 경전(작품)을 의미

범위
내용상 — 불교경전의 내용
재료상 — 협의의 사경 — 필사사경
재료상 — 광의의 사경 — 목판경, 금경, 석경, 와경, 동경, 판화불사경, 고려대장경
종교상 — 불교경전, 타종교의 경전

역사
중국 — 후한 말년 시작 → 양진 → 남북조시대 (발전기) → 수·당 (절정기) → 송대 (쇠퇴기)
한국 — 4C 후반 시작 → 불교 공인된 해 고구려 소수림왕 372년
→ 사경 연대 명확한 현존 최고의 사경 호암미술관 소장
국보 제196호 〈신라 백지묵서 화엄경〉 제작 (754년~755년)
고려 충렬왕 이후 (절정기) → 조선 임진왜란 이후 (쇠퇴기)
일본 — 백제 위덕왕 (577년) 그 44년 사경의 기법 전해줌

형식
표지 — 경제, 모양, 테두리
변상도
경문 — 천지선과 계선 (천두, 계선, 지각), 경제 (경명), 한역자, 품명, 경문 — 장행 (1행14자, 1행17자), 게송 (4언게송, 5언게송, 7언게송), 경전 사이의 경제 — 동일한 경전 속에서 품명과 품수가 달라질때의 경제 / 동일경전 여러권이 합권될때의 경제 / 서로 다른 경전의 합부로 사성될 경우의 경전속의 경제, 권미제
사성기 — 체재와 내용

종류
서사 재료에 따라 — 묵서(묵서경), 금니, 은니, 금은니, 자혈
지류에 따라 — 백지 (도지, 마지), 황지, 자지, 감지, 상지, 기타 – 홍지
장엄에 따라 — 권자본, 절첩본, 선장본
서사 문자에 따라 — 한문사경, 한글사경, 범자사경, 기타(고려사경), 판경, 금경, 석경, 와경, 동경, 옥경
발원문에 따라 — 국왕발원문, 개인 발원문 (사발원경), 공덕경, 보덕경, 교화경, 봉성경, 공양경, 기타
경필사 수에 따라 — 악필경 – 1인 (정사경), 각필경 – 여러 사람이 권별, 품별 분담
서사 주체에 따라 — 자성경 (자필경, 자우경), 청인경 – 청인경, 대인경, 타인경

의의
세계에서 가장 뛰어났던 우리나라의 소중한 문화예술이다
세계 인쇄 문화를 촉발시킨 연원이다
부처님의 법신사리로서 신앙의 대상이다
불상이나 불탑의 핵심 봉안물이다
사경은 신앙 행위이자 기도이며 수행이다
사경은 교리에 대한 이해를 넓혀준다
사경은 종합예술적인 성격을 갖는다
소중한 문화재의 가치를 지니고 있다
우리나라의 서예사는 사경으로부터 시작된다
다양한 방법으로 사성되었다는 점과 백성들의 정신을 계도하고 국민통합을 위한 국가기관으로서의 사경원이 존재하였다는 점이다

외길 김경호 저 「한국의 사경」 한국사경연구회(2006), P1~P407

이은정

서울특별시 노원구 동일로 175길 38
101동 1008호(공릉동, 대동아파트)

010-3938-8694

제5, 6, 8, 9, 10, 11회 한국사경연구회원전 출품

육자대명왕진언 백지 묵서 10x10x10cm

보왕삼매론 백지 묵서 26x29cm

연화대 위의 금강저 백지 묵서(모빌) 27x27cm

작가의 辯

유난히 무더웠던 올해 여름
입추가 지나며 제법 신선한 바람자락 끝에
가을의 향기가 희미하게 느껴지는 문턱에서
회원전을 앞두고 사경과 인연 맺은 소중한
순간들의 기쁨이 주마등처럼 떠오릅니다.

최고의 스승이신 김경호 선생님의 제자로 입문해
7년의 기간을 여러 도반님들과 함께 공부하며
사경의 즐거움과 보람을 공유하며 오늘까지 왔습니다.
세월은 7년이라지만 아직도 걸음마 하는 어린아이 실력인 듯
미흡한 작품들을 전시할 때마다 부끄러움이 앞섰지만
매 순간 최선을 다했기에 모자라면 모자라는대로 가치 있다는
작은 자긍심도 느꼈습니다.

부처님의 가르침을 따라 한 걸음 한 걸음 걷는다는 마음가짐으로
사경하는 매 순간, 망상과 욕심을 비우며 가장 순수한 본연의 나 자신과 마주하고자 노력합니다.
감사와 긍정의 에너지를 끌어올려 활기찬 삶을 살게 하고,
정성과 인내의 산물인 작품이 탄생할 때마다 성취감을 느끼게 하는 사경이야말로
제 인생의 가장 큰 영혼의 동반자인 것 같습니다.
사경을 즐거움으로 승화시키기 위해 노력해 주시는 행오스님과
사경의 끈을 놓지 않게 항상 격려해 주시는 도반님들에게 감사드리며
앞으로 함께 전개해 나갈 가슴 뛰는 미래의 밝은 그림을 기대해 봅니다.

부처님 크신 은혜 고맙습니다.

이강희

경기도 하남시 미사강변대로 95, 111동 2701호
(풍산동, 미사강변센트럴자이)

010-5600-9860

대한민국 서예문인화대전 금상
서예문화대전 입선 및 준특선
한국사경연구회원전 출품 다수
현) 한국사경연구회 특별회원

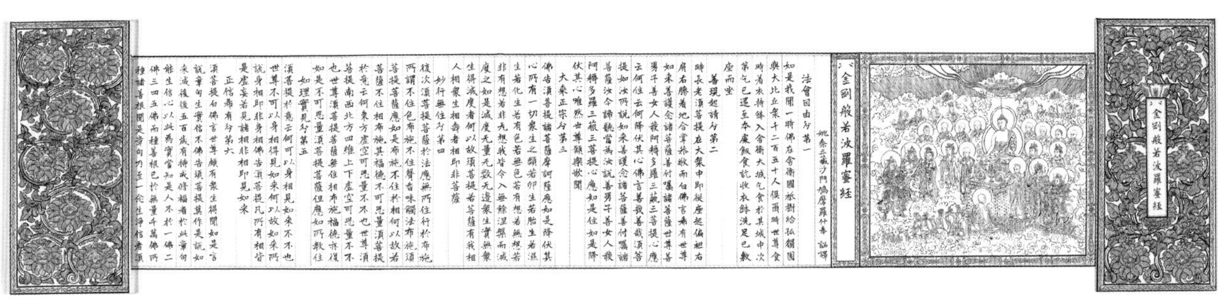

금강반야바라밀경 백지 묵서 (절첩본) 35x800cm

묘법연화경(전 7권) 변상도
백지 묵서(절첩본) 178x42cm

佛紀 二五六一年 七月
李康姬

길상팔보도 백지 묵서 34x34cm

사경 수행에 대하여 감히 제가 몇 자의 글을 올려 봅니다.
부처님께서 설하신 불법은 한 치의 조작도 없는 경전 속에 있습니다.
수행에는 참선, 염불, 사경, 간경 등 여러 수행이 있습니다.
수행에 있어서는 무엇은 되고 무엇은 안되고는 없습니다.
되고, 안되고는 수행법을 일으키는 분별심만 일으킬 뿐이라 생각합니다.
저도 처음에는 참선, 염불 하였지만 참선에 있어서는 호흡조절이 무척이나 힘들었습니다.
그러던 어느 날 조계사 원심회 법당 부처님께 봉안할 사경 금강경을 펜으로 처음 원문으로 사경하였지요.

금강경을 거의 다 쓸 때 문득 이러한 생각이 떠오르더군요.
모든 것이 전통이 있는데 사경도 전통으로 배우는 곳이 있을까?
전통으로 배우고 싶은 마음 거의 석 달 동안 꿈속에까지도 놓지 못하고 있던 중 불, 보살님의 가피로 우연히 방배동 불교TV, 무상사 가게 되면서 한국사경연구회 명예회장님이신 김경호 선생님과 인연되어 전통사경을 BTN 무상사 2층에서 배우게 되었습니다.
제가 펜으로 사경을 할 때는 1장이라도 빨리 쓰려는 생각이 앞섰는데 세필 붓으로 쓰다 보니 급한 마음은 사라지고 오히려 참선까지도 편안하게 잘 되었지요
마음 집중이 힘들지도 않게 잘 되어 가더군요. 사경을 하면서도 수 차례 체험하였는데 사경을 하고 있는 제가 숨을 쉬고 있는지 조차 잊은 적이 여러 번 체험 후 참선도 더욱 더 잘 됨을 경험 후 자신감이 생기더군요
법사리 모심의 사경 수행과 더불어 참선, 염불, 간경 등 이 중에 한 가지 병행한다면 그야말로 금상첨화이지요.
무더위 속에서 최고도의 수행 "법사리" 모심을 이번 미술세계 기획 사경 33인전에 작품하시는 회원님 모두 수고 많으셨습니다.

최애숙

경기도 부천시 심곡로 34번길 38-41, 302호
(송내동, 정든마을)

010-3361-2107

LA 한국문화원 초대 회원전 출품
한국사경연구회원전 출품 다수
서예문화대전 입선 2회
대한민국 서예문인화대전 입선
현) 한국사경연구회 정회원

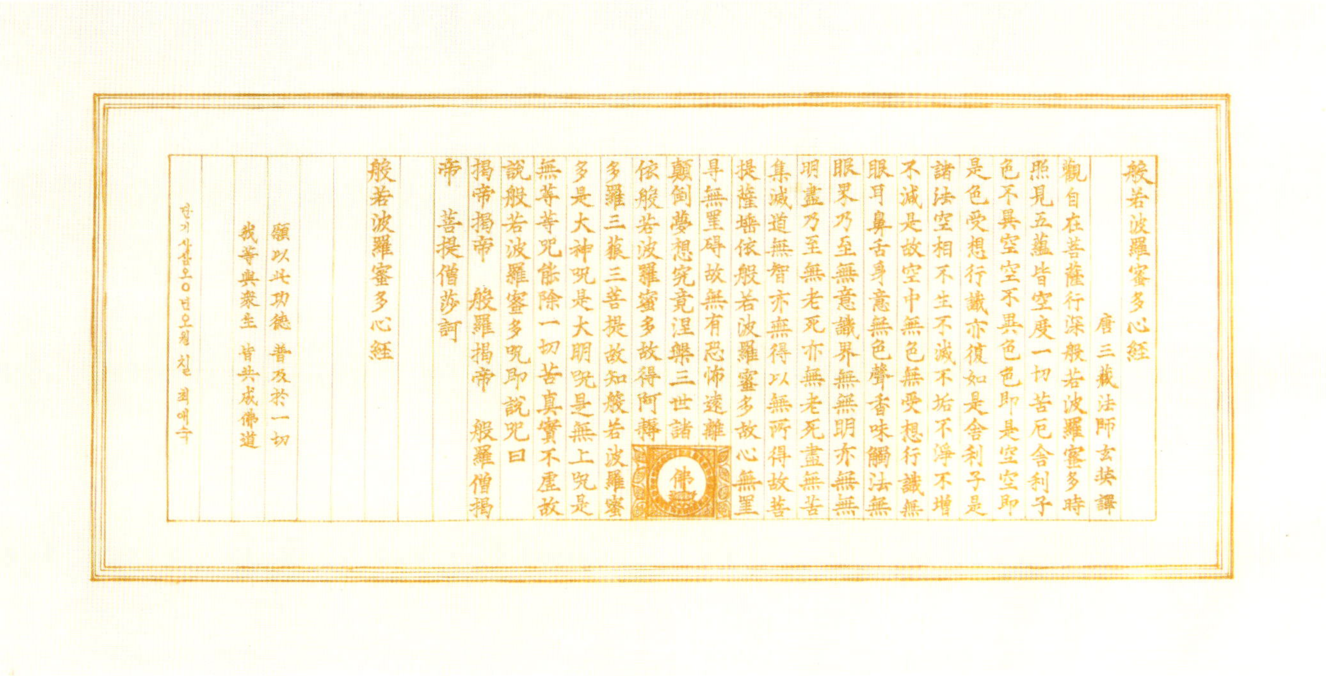

般若波羅蜜多心經
唐三藏法師玄奘譯
觀自在菩薩行深般若波羅蜜多時
照見五蘊皆空度一切苦厄舍利子
色不異空空不異色色即是空空即
是色受想行識亦復如是舍利子是
諸法空相不生不滅不垢不淨不增
不減是故空中無色無受想行識無
眼耳鼻舌身意無色聲香味觸法無
眼界乃至無意識界無無明亦無無
明盡乃至無老死亦無老死盡無苦
集滅道無智亦無得以無所得故菩
提薩埵依般若波羅蜜多故心無罣
礙無罣礙故無有恐怖遠離
顚倒夢想究竟涅槃三世諸
佛
依般若波羅蜜多故得阿耨
多羅三藐三菩提故知般若波羅蜜
多是大神呪是大明呪是無上呪是
無等等呪能除一切苦眞實不虛故
說般若波羅蜜多呪卽說呪曰
揭帝揭帝 般羅揭帝 般羅僧揭
帝 菩提僧莎訶
般若波羅蜜多心經

願以此功德 普及於一切
我等與衆生 皆共成佛道

단기 사삼오○년 오월 칠 최애숙

반야바라밀다심경 백지 금니 33x71cm

부모은중경 백지 금니 110x33cm

보협인다라니경 백지 금니 (권자본) 16x820cm

붓잡은 歲月

흘러간 시간 속에서 진정으로 墨香을 만난 건 寫經을 하면서부터가 아닌가 싶습니다.
붓과 먹을 접하고 서예를 한다고 나름대로 글을 쓰면서 보낸 시간들...
그냥 무조건 붓으로 그리다시피 크고 작게나마 부처님 말씀을 옮기면서
내면 깊숙이 들어와 있던 佛心이 다시 한 번 나를 돌아보게 했고
무언가 더 깊이 알고 싶던 중 2002년 외길선생님의 사경작품전을 보고
그로부터 수년 뒤 선생님의 直講으로 전통사경을 시작했습니다.
法舍利를 모시기엔 아직 부족함이 많습니다. 사경은 修行精進하는데 어떠한 祈禱法과도 견줄 수 없는
忍苦이지만 몸과 맘으로 말할 수 없는 歡喜心을 느껴봅니다.
매일 거르지 않고 써 왔던 과거의 힘에서 부족하나마 자신을 지탱하는 方便이 아닌가 생각합니다.
寫經紙 위에 먹을 얹어놓은 서툰 작품들. 수승한 말씀 앞에 하면 할수록 더 어렵게만 느껴집니다.
꽃이 滿開하길 바라지는 않지만 속앓이 없이 피어나길 바랄 뿐입니다.
한 송이 봉우리 속에 오묘함 함께 깃들어 여유로운 기다림으로 만족합니다.
지금은 행오스님의 가르침으로 도반님들과 함께 열심히 사경수행 정진하고 있으며
사경의 길을 如法하게 갈 수 있도록 이끌어주신 외길 선생님과 행오스님께 두 손을 정성 모아 감사드립니다.
여러 해 동안 함께 해 온 도반님들 감사합니다.
향기가 묻어나는 시간을 갖고자 합니다.

이계희

경기도 김포시 고촌읍 신곡로 3번길 34-16
304동 301호(강변마을 동일하이빌)

010-2619-6014

뉴욕 플러싱 타운홀 초대 회원전 출품
LA 한국문화원 초대 회원전 출품
세계서법문화예술대전 우수상 및 초대작가
서예문인화대전 초대작가
해동서예문인화대전 특선명품상

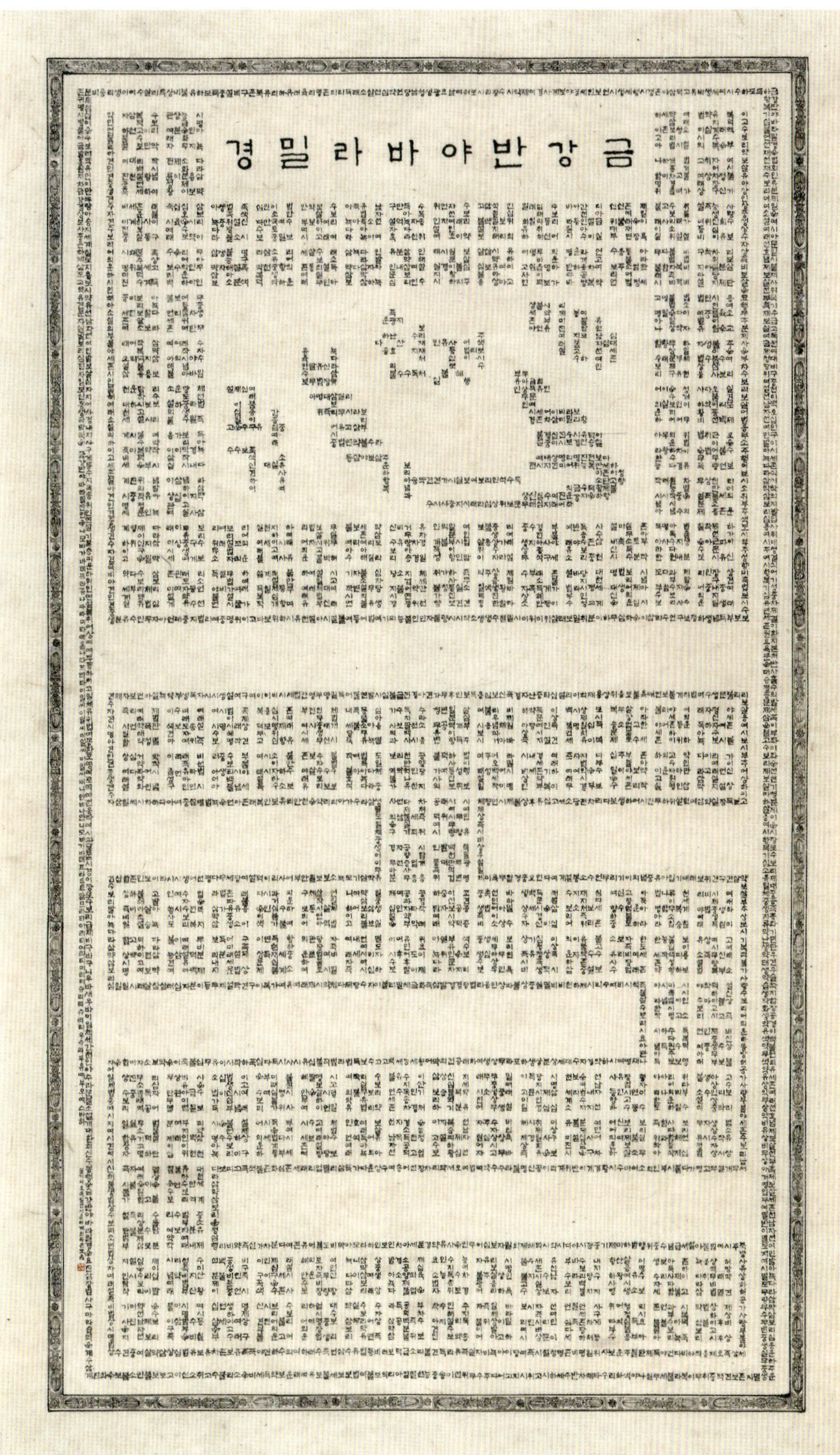

금강반야바라밀경 백지 묵서 135x70cm

불정심 관세음보살모다라니 감지 금니 35x30cm

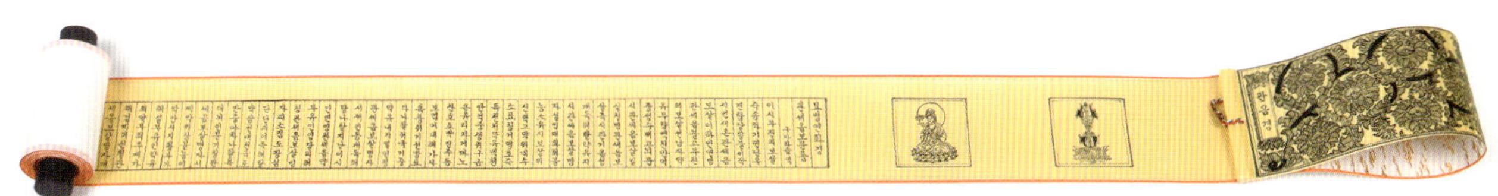

관세음보살보문품 냉금지 묵서 (권자본) 8x400cm

삶은 무엇인가?
나는 왜 살아 있나?
어떻게 죽어야 할까?
온몸으로 소리치며 이 육신과 정신을 휘감을 때 부처님을 만났습니다.
울고 울면서 묻고 또 물었습니다.
어느 날 부처님께서 어리석지 않고 지혜롭게 살라고 하셨습니다.
나에게 왔던 모든 고통의 순간들 이제 부처님 법 앞에 다 내려놓았습니다.
이것이 다 부처님을 만나기 위한 전초전인 것을.
고통이 없었다면 아직도 어리석음을 깨우치지 못했을 것입니다.
거룩하신 부처님 감사합니다.
오늘 부처님 법 만날 수 있어서
이 세상 다 주어도 부처님 법만 못하고
내 목숨 내놓아도 부처님 법 놓지 못합니다.
나 오늘 살아 있어서 행복합니다.
나 오늘 부처님 법 공부할 수 있어서 행복합니다.
사경을 시작한 지 15년
하루도 부처님 공부 놓을 수 없고
늘 매 순간순간 나를 보는 공부를 합니다.
무슨 말을 하며 무슨 생각을 하며 무슨 행동을 하는지
하루하루 부처님께 감사하는 마음으로 살아갑니다.

주윤진

경상남도 진주시 내동로 348번길 10, 114동 504호
(가좌동, 가좌그린빌주공아파트)

010-4074-7950

경남미술대전 입선 다수
서예문화대전 입선, 특선
한국사경연구회원전 출품 다수
현) 한국사경연구회 정회원

법화경 (전7권) 백지 묵서, 주묵 (선장본) 29x21cm

문수보살 게송구 감지 금니 50x40cm

信心銘

至道無難 唯嫌揀擇 但莫憎愛 洞然明白 毫釐有差 天地懸隔 欲得現前 莫存順逆
違順相爭 是為心病 不識玄旨 徒勞念靜 圓同太虛 無欠无餘 良由取捨 所以不如
莫逐有緣 勿住空忍 一種平懷 泯然自盡 止動歸止 止更彌動 唯滯兩邊 寧知一種
一穌不通 兩處失功 遣有沒有 從空背空 多言多慮 轉不相應 絕言絕慮 無處不通
歸根得旨 隨照失宗 須臾返照 勝脚前空 前空轉變 皆由妄見 不用求真 唯須息見
二見不住 慎莫追尋 纔有是非 紛然失心 二由一有 一亦莫守 一心不生 萬法無咎
無咎无法 不生不心 能隨境滅 境逐能沉 境由能境 能由境能 欲知兩段 元是一空
一空同兩 齊含萬象 不見精麤 寧有偏黨 大道體寬 無易无難 小見狐疑 轉急轉遲
執之失度 必入邪路 放之自然 體無去住 任性合道 逍遙絕惱 繫念乖真 昏沉不好
不好勞神 何用疎親 欲趣一乘 勿惡六塵 六塵不惡 還同正覺 智者無為 愚人自縛
法无異法 妄自愛着 將心用心 豈非大錯 迷生寂亂 悟無好惡 一切二邊 良由斟酌
夢幻空華 何勞把捉 得失是非 一時放却 眼若不睡 諸夢自除 心若不異 萬法一如
一如體玄 兀爾忘緣 萬法齊觀 歸復自然 泯其所以 不可方比 止動無動 動止無止
兩既不成 一何有爾 究竟窮極 不存軌則 契心平等 所作俱息 狐疑淨盡 正信調直
一切不留 無可記憶 虛明自照 不勞心力 非思量處 識情難測 真如法界 无他無自
要急相應 唯言不二 不二皆同 無不包容 十方智者 皆入此宗 宗非促延 一念萬年
無在不在 十方目前 極小同大 忘絕境界 極大同小 不見邊表 有即是無 无即是有
若不如此 不必須守 一即一切 一切即一 但能如是 何慮不畢 信心不二 不二信心
言語道斷 非去來今 僧璨 著 佛紀二五五八年 夏 素田 朱玧賑 恭書

신심명 감지 금니 53x41cm

"수행은 한결같은 것이다"라는 말이 가슴 깊게 와 닿는다.
일상 속에 일들 모두가 한결같다면,
내 안에 잠재된 불성을 찾아가는 것에 한 걸음 더 나아가는 일이 아닐까?
이제 내게 있어 사경수행은 일상 속에 한 부분으로 자리하고 있다.
이는 어떤 거대한 예술 작품을 위한 것이라기보다는,
올곧은 붓끝의 미세한 움직임을 통해 중도의 완전한 수행법인
八正道(正見, 正思惟, 正語, 正業, 正命, 正精進, 正念, 正定)를 배운다.
이를 행함에는 정성스런 마음이 근본이 되어야 하거늘,
나는 오늘도 그 마음 갖기를 발원하며 붓끝에 정성을 모은다.

박경빈

서울특별시 서대문구 통일로 348, 110동 306호
(홍제동, 청구아파트)

010-5447-8487

성균관대학교 유학대학원 졸업(서예학, 동양미학 전공)
사경 개인전 1회, 사경 초대개인전 2회
현) 한국미술협회 서예분과 이사
미술세계 아카데미 사경 강사
紫雨齋 서예·사경 연구실 운영

반야바라밀다심경

관자재보살이 깊은 반야바라밀다를 행할
때다섯가지 쌓임이 모두공한것을 비추어
보고 온갖괴로움과 재앙을 건지느니라
사리불이여 물질이 공과 다르지 않고 공이
물질과 다르지 않으며 물질이 곧 공이요 공
이곧 물질이니 느낌과 생각과 지어감과 의
식도 그러하니라
사리불이여 이모든 법의 공한 모양은 나지
도 않고 없어지지도 않으며 더럽지도 않고
깨끗하지도 않으며 늘지도 않고 줄지도 않
느니라
그러므로 공가운데는 물질도 없고 느낌과
생각과 지어감과 의식도 없으며 눈과 귀와
코와 혀와 몸과 뜻도 없으며 빛과 소리와 냄
새와 맛과 닿임과 법도 없으며 눈의 경계도
없고 의식의 경계까지도 없으며 무명도 없
고 또한 무명이 다함까지도 없으며 늙고 죽
음도 없고 또한 늙고 죽음이 다함까지도 없
으며 괴로움과 괴로움의 원인과 괴로움이
없어짐과 괴로움을 없애는 길도 없으며 지
혜도 없고 얻음도 없느니라
얻을것이 없는까닭에 보살은 반야바라밀
다를 의지하므로 마음에 걸림이 없고 걸림
이 없으므로 두려움이 없어서 뒤바뀐 헛된
생각을 아주 떠나 완전한 열반에 들어가며
과거 현재 미래의 모든 부처님도 이 반야바
라밀다를 의지하므로 아뇩다라 삼먁삼보
리를 얻느니라
그러므로 반야바라밀다는 가장 신비한 주
문이며 가장 밝은 주문이며 가장 높은 주문
이며 무엇과도 견줄수 없는 주문이니 온갖
괴로움을 없애고 진실하여 허망하지 않음
을 알아라
그러므로 반야바라밀다의 주문을 말하나
니 주문은 곧 이러하니라
아제아제바라아제 바라승아제 모지사바하

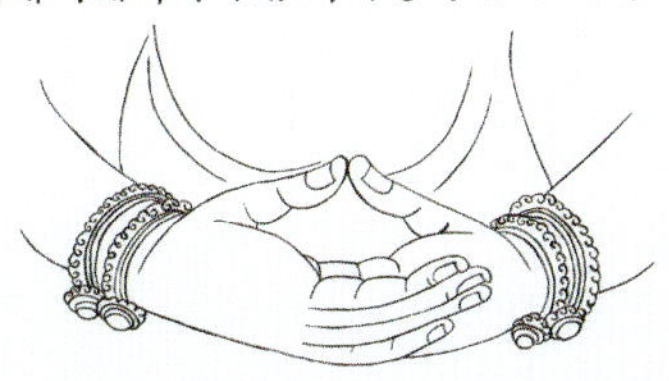

불기 2561 년 6월 불미 박 경 빈 분향근서

반야바라밀다심경 백지 묵서 104x44cm

신장도 백지 묵서 28x59cm

심우도 만다라 백지 묵서 74x70cm

사경(寫經)의 서(書)

사경(寫經)의 핵심은 서예입니다. 흔히 書에는 인간의 덕과 좋은 인품과 성품이 드러난다고 합니다. 書는 학문과 재능이 드러나기 때문에 정신수양을 위해 의지를 가지고 연마해야 합니다. "少年 文章은 있어도 少年 名筆은 없다."라는 말이 있듯이, 서예는 하루아침에 이루어지는 것이 아니라, 오랜 세월 동안 지식이나 학문을 갈고 닦아 덕을 쌓고 만물의 조형 형상을 위한 미적 감각을 유지해야 합니다. 글씨는 필법을 익히고 부단한 노력으로 연찬한 연후에야 비로소 이루어집니다. 심신에서 자연스럽게 우러나오는 글씨라야 기운생동(氣韻生動)하고 아름다운 품격과 풍미가 깃들어 있는 신품(神品)의 글씨를 쓸 수 있습니다. 하물며 사경하는 사람이라야! 인간 최상의 고고한 정신과 행동양식을 지니고 사경에 임해야 한다고 생각합니다. 마음수양은 하지 않고 오직 손재주나 연마로써만 사경을 한다면 그 사경공덕은 반감된다고 합니다.

우리가 지금 당면한 이 시국에, 우리 조상들의 사경정신이 그러했듯이 국태민안(國泰民安)을 위하여 한마음으로 지극정성 사경을 사성한다면, 이 혼란한 핵전쟁에서 벗어나 우리나라를 길이 보전하는 영원불멸의 길이 열릴 것입니다.

또한 세계적으로 인정받고 국제경쟁력의 무한한 보고(寶庫)인 전통사경을 계승 발전시켜, 화려하고 섬세하며 장엄한 고려감지금니사경의 전통사경문화가 다시 한 번 르네상스를 맞이하길 간절한 마음으로 염원합니다.

정향자

광주광역시 서구 화운로 175번길 15, 106동 610호
(화정동, 현대아파트)

010-4329-3581

원광대학교 대학원 한국문화학과 회화문화재보존수복학전공 (문학박사)
광주광역시미술대전 초대작가, 심사위원, 운영위원, 이사 역임
호남대학교 예술대학 미술학과 강사 역임, 조선대학교 평생교육원 사경 강사 역임
개인전 5회(서울 법련사불일미술관, 송광사 성보박물관, 서울 라메르갤러리 등)
현) 한국미술협회 회원, 한국사경연구회 회원, 부용당 사경연구원 원장

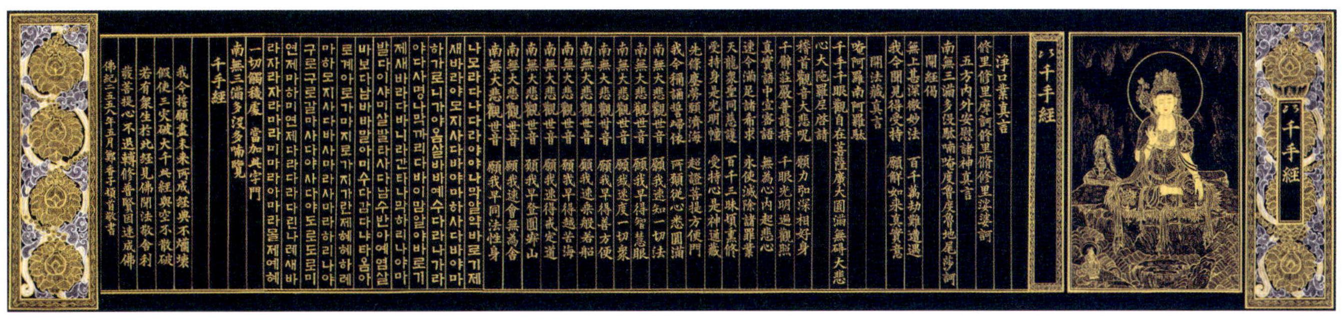

천수경 감지 금·은니 (절첩본) 31.5x308cm

석가모니불 감지 금니 67x33cm

오병이어 감지 금·은니 35x45cm

나의 발심수행 -사경寫經

붓을 들고 글을 써보고 싶었던 나에게 사경인연이 다가온 지도 벌써 10여년이 훌쩍 넘어섰다. 2004년 정월에 보현사 사경반을 찾게 되면서 나에게는 감동과 환희심 그 자체의 시작이었다.
"사경을 한다는 것은 아상을 없앤다는것이고 하심下心으로 사경에 임해야 하며 한 번 사경하면 한 분의 부처님을 뵙고 만 번 사경하면 만 분의 부처님을 친견하는거와 같다"고 하신다(김경호선생님)
"살갗을 벗겨 종이를 삼고, 뼈를 쪼개어 붓을 삼고, 피를 뽑아 먹물로 삼아서 경전 사경하기를 수미산 만큼 하였다"-화엄경 보현행원품 중에서
이 말씀을 선생님을 통해서 들을 때 또 발심하고 감동하고 환희심으로 사경하였다.
사경하고 있던 어느 날, 집중하고 정성을 다하니 작은 붓 끝에 불이 켜져 있는 느낌으로 금강저를 그려낼 수 있었다.
또한 글자가 한지 위에 쓰여지는 것이 아니라 경전 글자 한 자, 한 자가 한지 위에 솟아오르는 느낌으로 사경을 한 기억이 지금도 생생하다.

뉴욕 사경초대전에서 어느 기자가 선생님께 명상과 사경작품 구상에 대해서 질문하는 시간이 있었다. 선생님께서 말씀하시기를 "사경을 준비하는 과정이 명상이고 참선이며, 사경을 하는 동안 다음 작품이 구상되어진다"고 하신 말씀이 아직도 귓전을 맴돌고 있다.

늦은 나이 40대에 경전공부로 시작한 불교, 50대 중반에 인연 맺어진 사경으로 70대를 바라보는 오늘까지 사경으로 불심이 이어지고 있다.
사경수행으로 사경공덕이 당초처럼 이어지고, 또한 언제가 될지 모르는 생을 마감하는 그날까지 붓을 들고 경전 쓸 수 있기를 간절히 부처님 전에 다짐해 본다. 사경인연이 결코 무심코 다가온 것은 아니라고 생각되어진다.

이번 전시회를 계기로 우리 전통사경의 우수성과 아름다움이 널리 퍼지는 좋은 기회가 되기를 바랍니다.
감사합니다.

김귀항

대구광역시 북구 칠곡중앙대로 45, 106동 705호
(매천동, 청구장미마을)

010-3505-5737

스리랑카 전통사찰 사경법회
뉴욕 플러싱 타운홀 초대 회원전 출품
한국미술협회 대구공예대전 입선
현) 한국사경연구회 회원, 정인예다원장, 대구예다회
대구서구지부장, 침선공예사, 인성교육지도사 1급

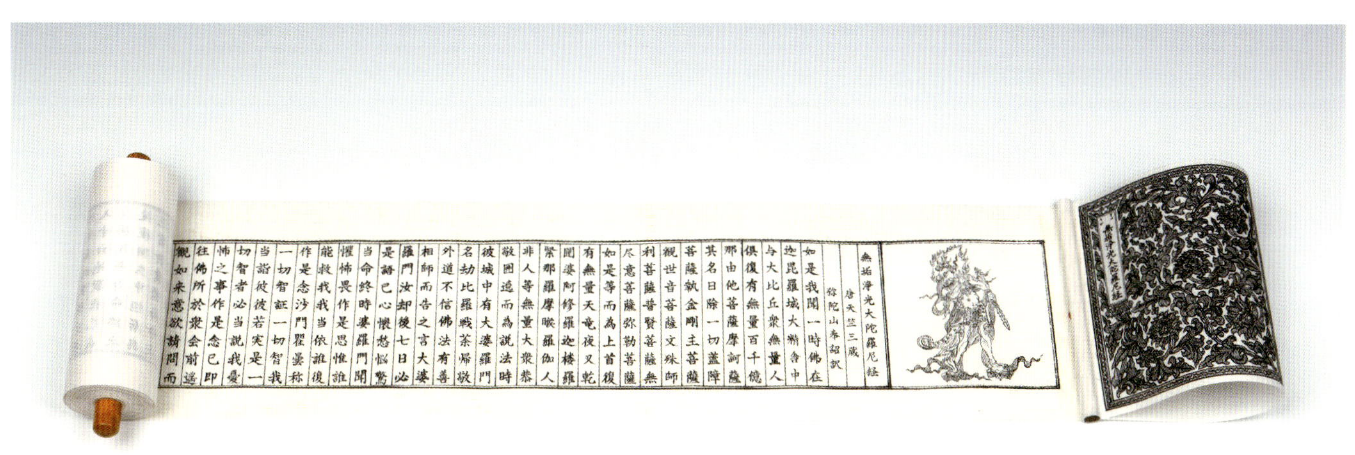

무구정광대다라니경 백지 묵서 (권자본) 8.5x950cm

관세음보살보문품 백지 묵서, 감지 금·은니 (절첩본) 20x330cm

능엄주 백지 경면주사 29x30cm

사경을 통해 평정심을 찾고 아름다운 인연들과 회향하고 싶습니다.

∞ 김치의 인욕바라밀 수행 ∞

『김치가 맛을 제대로 내려면 배추가 다섯 번의 인욕바라밀 수행을 겪어야 합니다.

첫째, 배추가 땅에서 뽑힐 때 아픔을 감내하는 인욕을 겪어야 하고,
둘째, 통배추의 배가 갈라지면서 또 한 번 인욕을 겪어야 하고,
셋째, 소금에 절여지면서 또 다시 인욕을 겪어야 하고,
넷째, 매운 고춧가루와 젓갈에 겪어야 하고,
다섯째, 장독에 담겨 다시 한 번 인욕을 겪어야 비로소 제대로 된 김치 맛을 냅니다.

김치의 인욕바라밀 수행처럼 그 깊은 맛을 전하는 삶을
살아보고자 합니다.』

그러기 위해 오늘도 아상과 편견을 인욕바라밀로 버리고 모든 인연들이
부처님의 꽃과 빛이 되기를 발원합니다._()_

옥배추는 옛날 청나라에서 배추의 투명한 줄기와 푸른 잎이 그 집안의 청백을 의미한다고 합니다.

박진희

경기도 안성시 혜산로 37-24, 102동 204호
(송인동, 동신아파트)

010-4038-8199

제10, 11회 한국사경연구회원전
현) 한국사경연구회 정회원

반야바라밀다심경 보탑도 백지 묵서 67x35cm

양류관세음보살 백지 묵서 35x33cm

지장보살도 백지 묵서 32x32cm

한참을 돌아온 듯합니다.
그래도,
결국은 스스로 제 길을 찾아 들어온 듯도 싶습니다.
분별지로 세상을 거스르며 살다가
깊은 바다 속 오랜 물질 끝에 참고 참았던 숨을 한 번에 몰아 내쉬듯
그렇게 사경 붓을 붙잡고 숨비 소리를 터뜨려 보았습니다.
가쁜 숨이 잦아들 때 쯤
그동안 도리질쳤던 지나간 시간들이 디딤돌이 되어
오늘의 나를 있게 했다는 문득 한 생각이 가슴으로 스며들어와
깊은 참회와 감사의 절을 올리게 되었습니다.

항상 서 있는 발끝을 내려다 보며
거스름 없는 위순(委順)의 공부인 사경으로
하루 하루 가짜가 아닌 진짜로 살아보고자 합장 발원합니다.

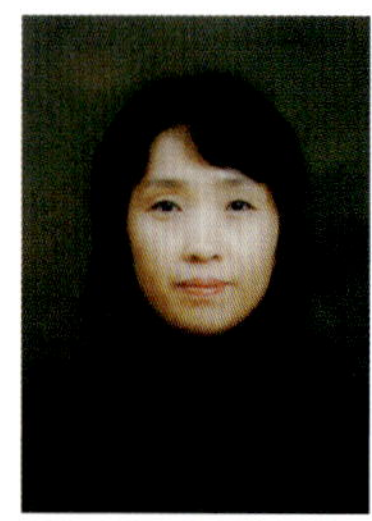

김민지

대전광역시 서구 가장로 106, 112동 1605호
(가장동, 삼성래미안)

010-7203-6666

화성서예문인화대전 초대작가
현대서예문인화대전 우수상
의정부국제서예대전 최우수상
통일서예미술대전 우수상
김생전국서예대전 우수상

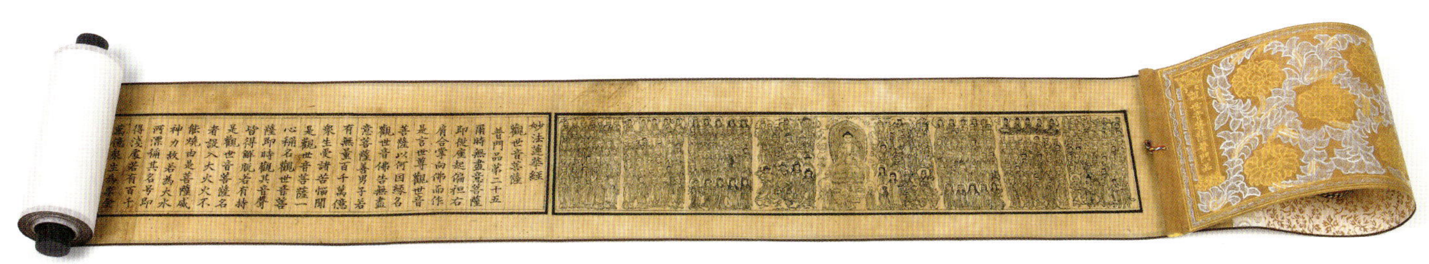

관세음보살보문품 옻칠 묵서, 금·은니 (권자본) 25.5x360cm

반야바라밀다심경 한지 금·은니 51x31cm

금강반야바라밀경 백지 묵서, 금·은니 (절첩본) 35x800cm

"사경의 끈을 오래오래 붙잡을 수 있도록 해 주십시오"
요즘 저의 기도입니다.

불화를 시작한 지 13년
보살상이나 불상을 그리면서 항상 그림에 맞는 경을 같이 써 넣고 싶다고 생각하던 터라 김경호 선생님의 사경에 관심을 갖고 있었습니다. 지난 봄, 회원 전시회를 가 보게 되어 친절한 선배 보살님들의 길잡이에 오늘에 이르렀습니다.
지금 저는 불화에 경전을 접목시켜 새로움을 찾도록 노력하고 있습니다. 아직은 경 쓰기가 서툴지만, 조금씩 찾아가는 길에 환희는 물론이고 사랑하는 가족들을 위해 잡념 없이 기도정진 할 수 있다는 것만으로도 충분한 성취감을 느낄 수 있습니다.

위의 16나한 작품을 공모전에 내면서 빈 공간이 아쉽다고 생각을 하고 고민해 보았지만 방법이 떠오르지 않았습니다. 지금 이 작품을 보면서 빈 공간에 경을 새겨 넣었더라면 훨씬 더 의미 있는 작품이 되었을 것이라는 아쉬움에 이 작품 사진을 올려보았습니다.

정숙인

경기도 김포시 태장로 846, 207동 203호
(장기동, 한강센트럴자이 2단지)

010-7625-6936

불교미술대전 특선 외
전승공예대전 입선
서예대전 특선 외
현) 한국사경연구회 정회원

의상조사 법성게 비단 채색, 은니 44x44cm

반야바라밀다심경 비단 채색, 금니 50x31cm

비천도 감지 금·은니 29x56cm

眼界乃至無意識界無無明亦無無
明盡乃至無老死亦無老死盡無苦
集滅道無智亦無得以無所得故菩
提薩埵依般若波羅蜜多故心無罣
㝵無罣碍故無有恐怖遠離顛倒夢
想究竟涅槃三世諸佛依般若波羅

무색계

無色界

공무변처천 空無邊處天	방태석
식무변처천 識無邊處天	이혜경
무소유처천 無所有處天	김수정
비상비비상처천 非想非非想處天	최윤진

유난히 무더운 여름 날씨에 제12회 한국사경연구회 회원전 준비를 하면서 사경이란 단어의 뜻도 모르면서
글씨가 좋아 혼자서 붓글씨로 불경 반야바라밀다심경을 쓰다 보니 사경이란 것을 알게 되었습니다.
금강경을 5년 동안 150번을 쓰고 우연히 김경호 선생님의 미술세계 아카데미에서 사경 수강을 받으며
처음부터 배우게 되었습니다.
나름 처음 전시회라서 예술이기에 앞서 인고의 수행 느림과 정치 미학의 정수 사경을 하기 위해서 이 순간에
최선을 다하는 느낌의 미학을
이는 곧 매 순간 순간에 가장 충실하고 정직함을 일체유심조 마음 남김 진리의 말씀을 한 자 한 자 마음에
새기는 작업을 하면서 금강경 마지막 32분에 나오는 구절

일체유위법(一切有爲法)은
여몽환포영(如夢幻泡影)이며
여로역여전(如露亦如電)이니
응작여시관(應作如是觀)하라

교훈 삼아 더운 날씨에 농사일 하면서 낮엔 일하고 밤엔 시간 되는대로 사경하면서
작품하면서 피서겸 힐링한다는 생각으로 부족하나마 나름 열심히 작품 준비를 했습니다.
앞으로 한국사경연구회에 미력이나마 함께 하겠습니다.

방태석

전북 고창군 상하면 자룡길 43-3

010-2651-9082

현) 한국사경연구회 정회원

반야바라밀다심경 감지 금 · 은니 36x62cm

아미타경 감지 금·은니 (권자본) 36x270cm

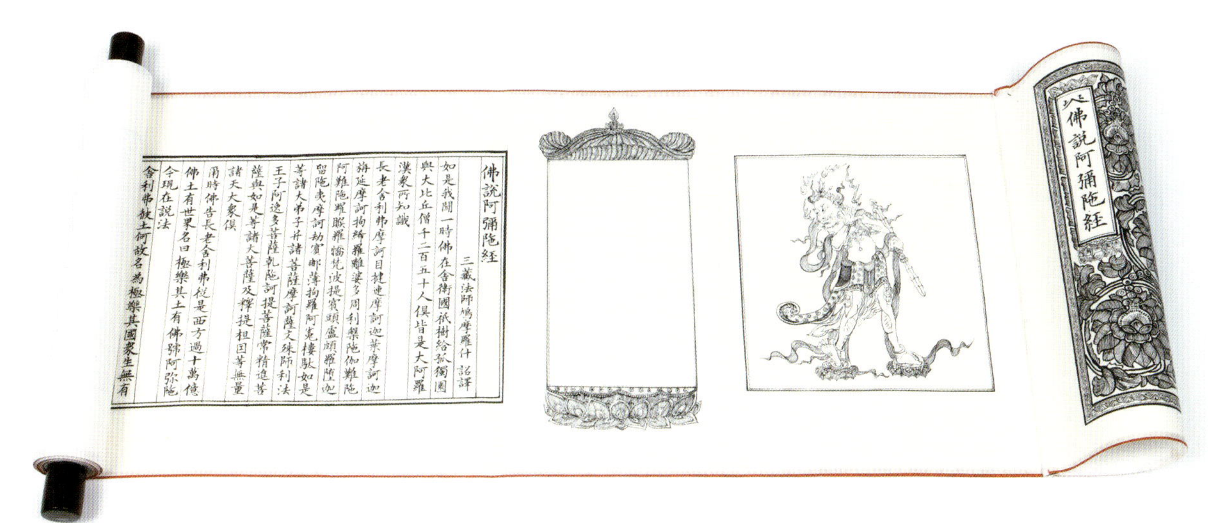

아미타경 백지 묵서 (권자본) 33x310cm

꽃내음보다 향기롭고 봄빛보다 화사하고
끊임없이 솟아나는 샘물같은 불법을 만나
굴곡진 삶을 잠시나마 포근히 안아주실 것이란
믿음으로 진리의 문턱을 넘어 걸어 들어갑니다.
사경수행의 인연으로 산란한 마음을 붓끝에
모아 한 획 한 획 써 내려가면 셀 수 없는 번뇌들이 녹아지고
마음에는 향기가, 삶에는 평온이 내려앉습니다.
내 걸음이 느릴지라도 스승님의 큰 가르침과
평화롭게 앞서 걸어가는 분들을 그윽히 바라보며 걸어가렵니다.

이혜경

서울특별시 강북구 도봉로 101길 39(수유동) 3층　　현) 한국사경연구회 정회원

010-9025-9894

보현보살도 홍지 묵서 48x37.5cm

如来十大發願文

願我永離三惡道
願我速斷貪瞋癡
願我常聞佛法僧
願我勤修戒定慧
願我恒隨諸佛學
願我不退菩提心
願我決定生安養
願我速見阿彌陀
願我分身遍塵刹
願我廣度諸衆生

丁酉 七月 李惠慶

여래십대발원문 한지 묵서 57x27cm

관세음보살도 감지 금니 68x38cm

그림은 나에게 있어 진리를 탐구해 가는 하나의 도구이다.
참선수행, 만트라수행, 절수행, 염불수행, 불법공부......
단학, 국선도, 요가, 명상, 만다라그리기......
영혼육에 대한 탐구와 과학, 의식개발 관련공부......
그리고 사경수행......
이 모든 것들은
나에게 있어 근원으로 가는 하나의 방편이다.

사경에 입문하여 지금 이 자리에 오기까지 애써 주신
김경호선생님과 함께 해 주신 훌륭하신 도반님들께 감사와
경의를 표합니다.

김수정

서울시 강남구 선릉로 120,
7동 1003호(개포우성1차아파트)

010-7703-7926

선화예고, 홍익대학교 미술대학 서양화과 졸업
2017 300명의 아티스트전(갤러리 미쉘)
2016 미술세계 아카데미 페스티벌전-사경부문(갤러리 미술세계)
2015 김수정 초대전(희수갤러리)
1992~1997 윈손제비전, 홍익전, 선과색전
현) 한국사경연구회 정회원, 홍익루트

불공견삭신변진언경 신장상(재현도) 감지 금·은니 23x29cm

관세음보살 여의주수진언 감지 금·은·동분 38x38cm

초전법륜도 만다라 백지 금·은·동분 47x35cm

지필묵연 사보와 벗하여
서예하는 즐거움을 오랜시간 누렸다.
이에 더하여 칠과의 조우...
오묘한 색에 빠져 십수년이 흘렀고,
사경의 세계에 입문하여
칠락무궁의 환희심으로
작업하고 있다.
내가 보석을 사랑하는이유는
빛이 아름답기 때문인데
옻칠 또한 그러하다.
은은한 갈색빛과 색칠의 아름다움을
만끽하며 지성무식의 자세로
어제에 이어 오늘도
절차탁마에 여념이 없다.

최윤진

서울특별시 강남구 역삼로 451, 301호
(대치동, 미소시티)

010-7733-9186

2016 돌아가다(Duru Art Space) 3인전
2017-2005 한국옻칠협회전
2009 최윤진의 漆書(갤러리 Lu Ben)
현) 書協초대작가, 한국사경연구회 정회원
한국옻칠협회 회원, 민족미술인협회 회원

신묘장구대다라니 목태, 천연옻칠, 자개 색료 50x50cm

길상팔보도 목태, 천연옻칠, 자개 색료 42x32cm

초전법륜도 목태, 천연옻칠, 자개 색료 42x32cm

33天을 法燈으로 밝힌
33 수행자의 法舍利 莊嚴

寫經

욕계 欲界	지옥 地獄		행오스님
	아귀 餓鬼		준안스님
	축생 畜生		용운스님
	인 人		김영애
	아수라 阿修羅		허유지
	천 天	사천왕천 四天王天	모정자
		도리천 忉利天(삼십삼천)	강경애
		야마천 夜摩天	이경자
		도솔천 兜率天	김근홍
		화락천 化樂天	이순래
		타화자재천 他化自在天	김명림
색계 色界	초선삼천 初禪三天	범중천 梵衆天	윤경남
		범보천 梵輔天	최혜자
		대범천 大梵天	송명숙
	이선삼천 二禪三天	소광천 少光天	최현자
		무량광천 無量光天	이규선
		극광정천 極光淨天	송정민
	삼선삼천 三禪三天	소정천 少淨天	양명순
		무량정천 無量淨天	이은정
		변정천 邊淨天	이강희
	사선구천 四禪九天	무운천 無雲天	최애숙
		복생천 福生天	이계희
		광과천 廣果天	주윤진
		무상천 無想天	박경빈
		무번천 無煩天	정향자
		무열천 無熱天	김귀항
		선현천 善現天	박진희
		선견천 善見天	김민지
		색구경천 色究竟天	정숙인
무색계 無色界	사무색천 四無色天	공무변처천 空無邊處天	방태석
		식무변처천 識無邊處天	이혜경
		무소유처천 無所有處天	김수정
		비상비비상처천 非想非非想處天	최윤진

한국사경연구회 연혁

제1회 한국사경연구회원전
일시 : 2002.12.16 ~ 12.21
장소: 동국대학교 박물관 2층 기획전시실
출품작가 : 16명

제2회 한국사경연구회원전
일시 : 2005.9.27. ~ 10.2
장소: 대구시민회관 대전시실
출품작가 : 52명

제3회 한국사경연구회원전 및 사경법회,
한국전통사경의 세계화 축원행사
중국 산등성 지난시 초대
일시 : 2007.5.28 ~ 5.31
장소 : 명주국제상무항빌당 1층 로비 및 2층 대연회장
출품작가 : 20명

제4회 한국사경연구회원전
청계천문화관 초대
일시 : 2008.10.7 ~ 10.19
장소 : 청계천문화관 기획전시실Ⅱ
출품작가 : 28명

초조대장경 사성 1000년「부처님오신날」기념
제5회 한국사경연구회원전
「三淸三無 수행의 예술적승화, 寫經」
일시 : 2010.5.15 ~ 5.20
장소 : 예술의전당 서예박물관 2·3층 전관
출품작가 : 101명

초조대장경 1000년 기념
제6회 한국사경연구회원전
「느림과 精緻 美學의 精髓, 寫經」
일시 : 2011.6.15 ~ 6.28
장소 : 한국문화재보호재단 기획전시실
출품작가 : 81명

제7회 한국사경연구회원전
미국 뉴욕 플러싱 타운홀 초대
「SAMADHI + ART = SAGYEONG」
일시 : 2012.10.12 ~ 12.30
장소 : 미국 뉴욕 플러싱 타운홀
후원 : 문화체육관광부, 뉴욕한국문화재단 등
출품작가 : 24명

제8회 한국사경연구회원전
「寫經, 법사리로 나툰 부처」
일시 : 2013. 5.15 ~5.26
장소 : 대구 봉산문화회관 2·3층 전관
출품작가 : 61명

제9회 한국사경연구회원전
미국 L.A. 한국문화원 초대
「Sutra Copying:Ornamenting and
Enshrining the Buddhist Dharma
Through Advanced Calligraphy」
일시 : 2014.6.14 ~ 6.26
장소 : 미국 L.A. 한국문화원
출품작가 : 34명

제10회 한국사경연구회원전 미술세계 특별기획초대
「삼매 속에서 영근 법사리 寫經」
일시 : 2015. 11.25 ~ 12.1
장소 : 갤러리 미술세계 제1전시장(인사동)
출품작가 : 39명

제11회 한국사경연구회원전
「켜켜이 쌓아올린 발원, 그 장엄 공덕의 세계 寫經」
일시 : 2016. 4. 27. ~ 5. 3
장소 : 라메르 갤러리 3층 (인사동)
후원 : 서울시 전통문화 발전 지원 사업 보조금
출품작가 : 32명

제12회 한국사경연구회원전 미술세계 창간 33주년 기획특별초대전
「33天을 法燈으로 밝힌 33수행자의 法舍利 莊嚴」
일시 : 2017. 9. 13. ~ 9. 18
장소 : 갤러리 미술세계 제1, 2전시장 (인사동)
출품작가 : 33명

한국사경연구회원 활동 근황

| 한국사경연구회 정기총회 |

| 2016년 11회 회원전(갤러리 라메르) |

외길

외길

미술세계 창간 33주년 기획 특별초대전

제12회 한국사경연구회원전

33天을 法燈으로 밝힌
33수행자의 法舍利 莊嚴

寫經

발 행 인 행오스님

사 무 국 한국사경연구회
서울특별시 서대문구 통일로 348
110동 306호(홍제동, 청구아파트)

기 획 미술세계 기획팀

총 괄 백용현

감 수 허유지 윤경남

진 행 백시연

디 자 인 박지연

전시보조 백승호 이홍범 김소영 김희정

교정·편집 행오스님 박경빈

색 보 정 김홍규

발 행 일 2017.09.13

발 행 처 (주)미술세계
서울시 종로구 인사동길 24
02. 2278. 8388
www.mise1984.com

정 가 50,000원

ISBN 978-89-6624-135-4

美術世界